Doktor Kleinermacher

Band 2

Fantastische Abenteuer
im Garten und im Wald
von Herbert Paatz
mit naturnahen Zeichnungen
von Richard Keller

AUGSBURGER
BÜCHER

Lizenzausgabe:

Augsburger Druck- und Verlagshaus GmbH

Mit Genehmigung des Verlag Ullstein GmbH,
Frankfurt/M–Berlin–Wien,
wo dieses Buch unter dem Titel
»Abenteuer in Doktor Kleinermachers Garten« erschien.

Printed in Germany 1981
Gesamtherstellung:
Augsburger Druck- und Verlagshaus GmbH

ISBN: 3–922084–13–3

Inhalt

Der Wald wird lebendig

Nie ist Dr. Kleinermacher zu Hause. Man kann abends kommen, man kann nachmittags kommen, man kann sonntags kommen – immer ist die Tür beim Doktor Kleinermacher verschlossen. Ist der Doktor verreist? Ist er zu Hause und will nicht öffnen? Dieter und Traute wußten nicht mehr, was sie dazu sagen sollten.
„Du böser Doktor Kleinermacher, sei doch so gut und laß uns hinein! Guter Doktor Kleinermacher, bist du uns böse?" Dieter bummerte jetzt so wild gegen die Tür, daß es im ganzen Hause dröhnte.
„He, Doktor Kleinermacher, willst du denn gar nichts mehr von uns wissen? Antworte doch, sage uns, daß du nicht zu Hause bist, dann können wir beruhigt gehen."
Dieter machte eine Pause und lauschte. „Nee, darauf fällt der Doktor nicht rein. So dumm ist er nicht." Es blieb alles still. „Sicher sitzt der Doktor ruhig in seiner Studierstube, lacht sich eins ins Fäustchen und hört uns hier draußen krakeelen. Was hat er nur? Er war doch immer so nett zu uns. Nun, mit einemmal, soll alles aus sein? Das ist ja zum Heulen!"
Dieter und Traute waren sehr traurig. Nun gingen sie schon zum zehnten Male ergebnislos nach Haus, sie konnten den Doktor nicht erreichen. War dies das Ende einer großen Freundschaft?
Dieter und Traute erzählten sich auf dem Heinweg von den Abenteuern mit Doktor Kleinermacher. Schön war es mit ihm. Da hatte sich der Doktor Zauberwasser zusammengebraut, ein Wunderwasser, und wenn man davon trinkt, dann wird man ganz klein, so klein, wie man es sich wünscht. Oft hatten die drei aus der Wunderflasche getrunken, und dann waren sie als Zwerge in den Bienenkorb gegangen, in das Ameisenest, in den Maulwurfsgang... Was man da alles erlebte und schaute! Schön war es mit dem Doktor Kleinermacher! Und wie interessant der Doktor erzähle konnte! Herrlich! Man konnte nicht genug erlauschen von den Wundern der Natur. Und erst die Abenteuer! Im Bienenkorb gibt es größere Abenteuer als in Indien unter Tigern und Elefanten. Und gefährlicher ist es im Bienenkorb und bei den Ameisen wie in Afrika unter Hyänen und Löwen.
„Und wie gut der Doktor zu uns war. Wir hatten ihn ordentlich liebgewonnen. Jetzt sitzt er hinter seiner verschlossenen Tür und läßt uns nicht hinein. So einen Mann wie den Doktor Kleinermacher finden wir nicht wieder. Man könnte sich vor Wut in das eigene Fleisch beißen."
Die Traute war empört: „Aber, Dieter, so etwas sagt man doch nicht. Das ist doch Unsinn, kein Mensch bekommt so etwas fertig."
Doch Dieter war ein kleiner Rak-

ker: „Was, Traute, ich kriege das nicht fertig? Weißt du, wie ich das mache? Ich renne so rasend schnell um eine Litfaßsäule, daß ich mich selbst einhole, und dann beiße ich mich vor Wut in das eigene Fleisch."
So ein Bengel, der Dieter! Traute mußte herzhaft lachen, und auch Dieter lachte laut mit.
„Na, Kinder, euch scheint es ja gut zu gehen. Worüber lacht ihr denn?"
Den Kindern blieb vor Staunen das Lachen im Halse stecken. Da stand vor ihnen der so lange gesuchte Doktor Kleinermacher. Einen Spaten hatte er wie ein Gewehr geschultert, und auf dem Rücken trug er einen Rucksack. Nein. so etwas!
„Kinder, macht mal beide euer Mäulchen wieder zu. Erst lacht ihr und könnt kein Ende finden, und jetzt bekommt ihr den Schnabel nicht mehr zu. Was ist euch denn?"
„Doktor Kleinermacher, wo warst du denn? Wir waren so oft bei dir, und niemals hast du uns geöffnet. Du hast uns immer an deiner Tür klopfen lassen. Ist das eine Art, wo wir doch so gute Freunde waren, wo wir uns so gut verstanden haben, wo wir so viel Abenteuer zusammen erlebt haben?"
„Ich kann doch nicht öffnen, wenn ich nicht zu Hause bin."
„Du warst nicht zu Haus? Wo warst du denn immer?"
„In meinem Garten, Kinder. Das ist meine neue Leidenschaft."
„In deinem Garten...?"
„Ja, ich habe jetzt einen eigenen Garten, den müßt ihr sehen. Kinder, den Garten habe ich so richtig liebgewonnen. Einen Morgen ist er groß. Wißt ihr, wieviel das ist? Was ein Bauer in den Morgenstunden umpflügen kann, das ist einen Morgen groß. In meinem Garten arbeite ich alle Tage. Spaß macht das, Kinder! Ihr wißt gar nicht, wie schön ein eigener Garten ist."
Traute war sofort begeistert: „Ach, ich stelle mir das sehr schön vor. In der Mitte eine große Rasenfläche, rechts ist ein Steingarten, links ist ein kleiner Teich, dann sind noch Blautannen da, Heckenrosen, irischer Wacholder..."
„Langsam, langsam, Traute! Es gibt auch noch andere Sachen. Zum Beispiel habe ich Kohl, Kartoffeln, Mohrrüben und Gurken."
Jetzt meldete sich Dieter entrüstet: „Doktor, das kann dein Ernst nicht sein! Wer wird sich denn mit Kohl abgeben? Kartoffeln, Mohrrüben und Kohl kann man doch kaufen. Ein Doktor Kleinermacher darf nicht unter die Kohlbauern gehen, dazu ist unser Doktor zu schade. Entschuldige, aber ich finde deine ganze Gartenidee reichlich dumm. Die Buddelei mit der Schippe ist eine Mordsanstrengung, und wenn ich an den Mist denke, dann wird mir ganz schlecht. Du mußt dich doch mit ganz anderen Sachen beschäftigen, die wichtiger sind. Doktor, häng bloß die Kohlzüchterei wieder an den Nagel."
„Dieter, du wolltest doch früher mal nach Indien fahren, nicht wahr? Ich sagte dir damals, die Heimat sei viel schöner. Dann zeigte ich dir mein Wunderwasser, und wir gingen auf Abenteuer aus. Darüber hast du Indien ganz vergessen. War es nicht so? Jetzt glaubst

Der Gärtner Doktor Kleinermacher: mit Gummistiefeln, Pflanzspaten und einer Menge Sträucher im Rucksack und auf dem Gepäckständer.

du, mein Gemüsegarten sei nichts Besonderes. Wollen wir wetten, daß du von meinem Gemüsegarten noch schwärmen wirst? Sieh mal, ich kann dir gar nicht mit Worten schildern, wie schön das ist, Land umzugraben. Das muß man erleben.
Wenn ich im Frühjahr einen Spaten voll Erde umwerfe, dann steigt mir ein Duft in die Nase, so würzig, das riecht so nach Wurzeln, so ein Erdgeruch... Ich finde ihn ganz wunderbar. Aber das kannst du nicht verstehen, du mußt selbst einen Spaten in die Hand nehmen und im Frühjahr umgraben. Und dann die Bäumchen, die ich im Herbst gepflanzt habe. Was meinst du wohl, wie sehr ich den ganzen Winter an die Bäumchen denke. Ich träume sogar von ihnen. Werden die Knospen im Frühling treiben, werden Blättchen hervorkomen? Und wenn dann wirklich die Blätter kommen, dann freue ich mich wie ein Kind. Man kann schon sein Herz an einen Garten verlieren. Das können die anderen oft nicht verstehen. Die spotten häufig genug über die Kleingärtner und sagen, das sei ein armseliges Völkchen. Was die Leute aber für Freude an ihrem Garten haben, das ahnen die anderen gar nicht. Es gab mal einen Kaiser, der fand so viel Freude am Umgraben und Kohlbauen, daß er darüber seinen Kaiserthron vergaß. Er lehnte es ab, Kaiser zu bleiben, er wollte weiter Kohl bauen."
„Aber Doktor, das ist doch aus einem Märchen."
„Nein, das ist aus der Geschichte. Das steht in den Büchern."
„Doktor, das hört sich doch wie ein Scherz an. Ein Kaiser will Kohlbauer sein? Ist das nicht lächerlich? Ich habe mal gehört, daß ein Fürst ein Zepter verlegt hatte, darum mußte er vorübergehend mit der Regierung aussetzen."
„Nein, nein, das ist kein Witz, das ist Tatsache. Ich will euch die Geschichte erzählen. Aber kommt mit mir nach Haus. Bei Kaffee und Kuchen läßt es sich besser plaudern."
Dieter und Traute gingen mit ihrem Doktor zur Wohnung, und Dieter überlegte zweifelnd: Ein Kaiser will kein Kaiser, sondern Kohlbauer sein? Das ist doch Unsinn! Der Doktor will uns einen Bären aufbinden.
Die drei langten bald an, der Doktor schloß seine Wohnungstür auf, und nach einiger Zeit saßen die drei wieder vereint am Kaffeetisch beim Doktor Kleinermacher, und der erzählte eine kurze Geschichte, die war so wundersam wie der Doktor selbst.
„Es war einmal ein römisches Kaiserreich. Das reichte von Arabien bis nach Spanien und von Ägypten bis an die Nordsee. Kaiser kamen und gingen, regierten schlecht und gut, manche lebten sehr lange, manche wieder wurden bald ermordet. Manchmal folgten die Söhne auf ihre Väter, meist böse Söhne auf gute Väter. Dann wieder suchten sich die Kaiser die besten aus ihrer Umgebung aus und nahmen sie an Kindes Statt an. Die Adoptivkaiser waren gar nicht so schlecht. Bald ging aber alles wieder durcheinander. Oft ernannte der Senat die neuen Kaiser, meist aber erklär-

ten die Heere ihre Heerführer zu Herrschern. Da es nun aber mehrere Heere im großen römischen Reiche gab, gab es oft auch mehrere Kaiser zur gleichen Zeit. Es war ein Elend mit den Kaisern im alten Rom. Das Reich wollte nicht zur Ruhe kommen, immerzu gab es Bürgerkrieg. Ihr werdet ja davon in der Schule schon gehört haben. Geschichte habt ihr doch gern, nicht wahr? Ich jedenfalls habe Geschichte immer sehr gern in der Schule gehabt, viel lieber als die Pause.

Scherz beiseite. Nun kam ein Kaiser auf den Thron, der wollte allem Elend ein Ende machen. Er wollte die Kaisernachfolge für alle Zeiten regeln. Der Kaiser hieß Diokletian. Er teilte das große römische Reich in zwei Hälften. Im Osten regierte er weiter als Oberkaiser, im Westen ernannte er einen Nebenkaiser. Beide Kaiser sollten sich je einen Unterkaiser ernennen. Nach zwanzig Jahren sollten die Oberkaiser abdanken und die Unterkaiser an die Reihe kommen. Das sollte dann so weitergehen bis in alle Ewigkeit. Kaiser Diokletian dankte mit seinem Kaiserkollegen wirklich ab. In Salona lebte er auf seinem Gute und widmete sich der Landwirtschaft. Er hatte sehr viel Freude am Landbestellen und Pflanzenzüchten. Daß er einst Kaiser war, vergaß er ganz. Da kam wieder Unordnung in die Kaiserfolge. Das System war doch nicht so gut, wie es sich Diokletian gedacht hatte. Man rief nach einem starken Kaiser und forderte Diokletian auf, den Thron zu besteigen. Aber er schrieb an die Männer in Rom:

Würdet ihr den Kohl sehen, den ich zu Salona mit eigenen Händen gepflanzt, ihr würdet von eurem Verlangen abstehen, mich wieder zum Kaiser machen zu wollen.

Was sagt ihr dazu? Ein Kaiser lehnt es ab, wieder Kaiser zu werden, weil ihm das Kohlbauen viel interessanter vorkommt. Na, ihr staunt darüber, weil ihr nicht wißt, wie schön es ist, einen Garten zu bestellen. Das muß jeder erst mal erleben. Und wenn ihr einen Garten habt, dann kommt ihr davon nicht mehr los."

„Doktor, wir glauben dir alles, weil du immer recht hast! Wir müssen uns von dir überzeugen lassen, da bleibt uns gar nichts anderes übrig. Aber schade ist es doch. Wir werden mit dir Samen ausstreuen, umgraben, Bäume pflanzen und den Kohl begießen. Viel lieber würden wir aber mit dir auf Abenteuer ausgehen. Ist denn dein Wunderwasser eingetrocknet? Soll aus dem Doktor Kleinermacher ein Doktor Kohlbauer werden? Es ist wirklich schade, daß wir nicht mehr mit dir auf Abenteuer ausziehen sollen."

„Wer sagt euch denn, daß der Doktor Kleinermacher kein Wunderwasser mehr hat? Natürlich werden wir uns wieder verkleinern, auch werden wir wieder Abenteuer bestehen, und alle Abenteuer werden wir in unserem Garten erleben. Er ist der Schauplatz für viele, viele lebensgefährliche Abenteuer. Dazu lade ich euch ein."

„Hurra! Der Doktor Kleinermacher soll leben! Er will wieder mit uns auf Abenteuerfahrt gehen! Der

Doktor Kleinermacher ist der prächtigste, beste, herrlichste Mann auf der Erde. Und sein Garten soll auch leben! Denn was dem Doktor lieb ist, das haben wir auch lieb. Ob der Garten rund oder viereckig ist, ob er voller Unkraut oder voller Blumenkohl ist, ob dort bunte Blumen wachsen oder Kohlköpfe, das ist uns alles gleich. Der Garten gehört unserem Doktor Kleinermacher, und darum ist der Garten schön."

So jubilierten die Kinder, umarmten ihren lieben Doktor und ließen ihm keine Ruhe.

„Doktor, sofort hin zum Garten! Vergiß auch nicht die Wunderflasche. Das ist die Hauptsache. Heute soll noch ein frischfröhliches, ein lebensgefährliches Abenteuer starten. Doktor, wir freuen uns ja so, daß wir wieder bei dir sind, daß du uns nicht vergessen hast. Wenn es auch nicht nett von dir war, so lange nichts von dir hören zu lassen."

Der Doktor bekam keine Luft. Endlich konnte er antworten: „Liebe Kinder, Ruhe! Ihr tötet mich ja. Also, alles nach der Reihe. Heute ist es zu spät zum Gartenbesuch und zur Abenteuerfahrt. Zum nächsten Sonntag lade ich euch herzlichst ein. Abgemacht. Und nun, warum ich so lange nichts von mir hören ließ? Kinder, so ein Garten kostet viel Arbeit. Darüber vergißt man ganz seine Freunde. Und dann wollte ich euch auch den fertigen Garten zeigen. Aber ich sehe ein, fertig werde ich nie damit. Immer habe ich etwas Neues zu pflanzen und umzugraben. Jetzt ist aber die Zeit um. Ob der Garten fertig ist oder nicht, auf meine beiden kleinen Freunde will ich nicht länger verzichten. Wir bleiben jetzt wieder für lange Zeit zusammen. Ja, ja, Kinder, ein Stückchen Land kann einem so lieb werden wie Menschenkinder."

Dann holte der Doktor einen großen Plan hervor, auf dem waren säuberlich alle Bäume und Sträucher, die Beete, die Laube, die drei Komposthaufen, die Jauchetonne und der Steinhaufen eingezeichnet. Vorn lag der Obst- und Gemüsegarten, und hinter der Laube, da stand Natur-Wald.

Was soll denn das sein, der „Natur-Wald"?

Ach, der Doktor hat doch überall seine Eigenarten. Andere pflanzen sich seltene Bäume und Sträucher aus fremden Ländern in den Garten, Gewächse aus Amerika und

Im Studierzimmer, zwischen Kaffeekanne und Wiesenblumenstrauß wird der große Gartenplan erklärt.

China. Auf dem Platze aber, den der Doktor seinen Natur-Wald nannte, da hatte er Bäume und Sträucher, wie sie in unserem Walde wachsen, gepflanzt.

Das hatte niemand in seinem Garten. Aber es war nicht so einfach. Zum Beispiel wollte er sich eine richtige Waldkiefer pflanzen. Er ging zur Baumschule und forderte eine Waldkiefer. Der Gärtner sah den Doktor sehr komisch an.

„Wie, bitte?"

„Eine Waldkiefer, so wie sie in unserem Walde wächst: Pinus sylvestris, auf gut deutsch Kiefer des Waldes."

„Die führen wir leider nicht. Aber ich kann Ihnen eine herrliche Weymouthskiefer verkaufen. Oder wie wäre es mit einer Pinus montana, einer Bergkiefer?"

„Danke, ich möchte eine Waldkiefer."

Der Doktor besuchte vier Baumschulen und konnte keine Waldkiefer erhalten. Er mußte zum Förster gehen, und dann konnte er sich aus dem Walde eine kleine Kiefer holen. Dabei ist eine Waldkiefer so schön. Wenn sie allein steht und sich entwickeln kann, dann sieht sie besonders knorrig und wild aus. Der Doktor schmunzelte immer zufrieden, wenn er seine Kiefer anblickte.

Mit dem Wacholder war es genau so. Er wollte einen Lüneburger-Heide-Wacholder, und man wollte ihm einen irischen Wacholder aufschwatzen und Wacholdersorten aus aller Herren Ländern. Aber der Doktor hatte einen dicken Kopf, und er bestand auf seinem Lüneburger-Heide-Wacholder. Juniperus communis, nichts anderes. Die Gärtner schüttelten die Köpfe. So ein Kauz, er kauft sich die „seltensten" Sachen, nämlich die Bäume und Sträucher, die überall in unserer Heimat wachsen. Nein, so etwas, ein recht närrischer Herr.

Wenn der Doktor durch seinen kleinen Wald spazierenging, dann unterhielt er sich mit den Bäumen, als ob er mit Menschen spräche.

Die Fichten und Tannen waren für ihn Ritter ohne Furcht und Tadel. Edel war ihr Wuchs, und die Nadeln und Zweige richteten sie so ebenmäßig und gerade empor wie Ritter ihre Speere vor dem Turnier. Und da ist die Birke. Ihr Kleid ist so herrlich weiß, so sauber, wie bei einer richtigen jungen Dame.

Andere Bäume werden wie Mütter. Da ist die Frau Linde. Sie ist gesund und kräftig und flößt Ehrfurcht ein. Da ist die alte Eibe in ihrem dunklen Nadelkleid.

Und hier die Eiche, zerrissen und verwittert, aber knorrig und kraftvoll.

Ganz anders die Buche mit ihrem feinen silbernen Rindenkleid. Immer will sie auf dem besten Boden stehen, auf Lehmboden.

Sehr genügsam ist dagegen die Kiefer. Sie wächst eigentlich überall, wo andere Baumarten längst nicht mehr gedeihen. Wenn ihr über die Alpen fahrt, so erzählte der Dr. Kleinermacher, dann könnt ihr die Kiefern hoch droben zwischen den Felsen wachsen sehen, festgeklammert mit den Wurzeln am Gestein, dort wo kein anderer Baum mehr wächst. Kiefern gedeihen

aber auch im Sumpf und auf trockenem Sandboden. Das einzige, was die Kiefer immer reichlich braucht, ist Licht. Deshalb mag sie von anderen Bäumen nicht bedrängt werden.
Hier, wo der Boden besser ist, habe ich eine Esche gepflanzt. Wenn es ihr bei mir gefällt, dann wächst sie vielleicht bis zu einer Höhe von 40 Metern heran. Aber ich bin nicht ganz sicher, ob sie es schafft. Denn sie braucht einen sehr nahrhaften Boden, aber außerdem wie die Kiefer viel Licht. Auf jeden Fall, das kann ich euch jetzt schon verraten, kann man auf Eschen wunderbar herumklettern.
Mitten im Gemüsegarten steht der Apfelbaum. Wie Gedichte so zart sind seine Blüten, und saftig, nützlich und schön sind seine Äpfel. Der Apfelbaum ist eine Freude zum Anschauen und eine Freude zum Essen. Er ist nicht so groß wie die Kiefern und Eschen, aber schön ist er doch. Er ist nicht so knorrig wie die Eiche, aber eigenwillig wächst auch er. Dem Doktor lief immer das Wasser im Munde zusammen, wenn er vor dem Apfelbaum stand.
Fremdlinge gab es auch im Garten. Aber sie hatten sich das Bürgerrecht erworben im „deutschen Wald“. Wer ahnt denn, daß die Kastanie, ich meine unsere gewöhnliche, die mit den schönen braunen Früchten, aus denen man Tiere basteln kann, wer ahnt, daß dieser gewaltige Baum aus Griechenland und aus der Türkei kommt? In jedem Dorf steht mindestens eine zur Freude der Kinder aber auch der Erwachsenen.
Selbst die sogenannte Akazie ist nicht etwa bei uns zu Hause, sondern erst durch Menschen hierher gebracht worden. Sie stammt aus Nordamerika, und eigentlich heißt sie Robinie, nach dem Hofgärtner des französischen Königs Henri IV. Der hieß nämlich Robin und holte die Robinie nach Europa. Sie scheint sich hier recht wohl zu fühlen, vor allem dort, wo auch Kiefern noch wachsen: auf trockenem Sandboden.
Noch viele, viele Bäume hatte der Dr. Kleinermacher in seinen Gartenplan eingezeichnet, und zu allen wußte er eine Geschichte zu erzählen.
So erfuhren Dieter und Traute, wie die Samen der Erlen durch das Wasser der Bäche fortgetragen werden und dadurch das lustige Bild der aufgereihten Erlen entlang der Bäche und Flüsse entsteht. Und sie erfuhren, daß man das orange Holz der Wurzelstöcke früher für kostbare Möbel benutzte. Das hatte der Dr. Kleinermacher beim Dichter Adalbert Stifter gelesen.
Mit jeder Geschichte wurden die Kinder neugieriger auf den richtigen Garten und auf den richtigen „Natur-Wald“, den sie bis jetzt ja nur auf dem Plan bewundert hatten.
„Ich glaube, sogar dein Gemüsegarten wird sehr aufregend sein“, sagte Traute zum Doktor. Und beide Kinder sehnten den kommenden Sonntag herbei, da sollte es hinausgehen in den richtigen Garten, in den Garten vom Dr. Kleinermacher.

Hummel, Hummel!

So früh waren die Kinder noch nie aus den Betten gekommen wie am Sonntag, als es zu Doktor Kleinermachers Garten gehen sollte. Der Doktor hatte seinen Garten in solch bunten Farben beschrieben, daß die Kinder lange nicht eingeschlafen waren. Und doch kamen sie zeitig aus den Betten. Pünktlich wollten sie sein, keine Minute wollten sie versäumen.
Der Doktor hatte ein Fahrrad, die Kinder auch. So strampelten sie denn alle drei in den frühen Sonntagmorgen hinein. Sie hatten Rükkenwind, und das war schön. Der Wind schob so herrlich mit, daß sie mit halber Kraft fahren konnten.
Bald standen die drei vor den Toren des Gartens, den Doktor Kleinermacher so liebte. Das Land war nicht sehr teuer hier draußen, darum konnte sich der Doktor auch einen so großen Garten leisten. Am Tore standen zwei Rotdornbäume, zur Rechten und zur Linken, vorn war der Obst- und Gemüsegarten, dahinter die Laube, und hinter der Laube rauschte der Wald, der „deutsche Wald". Eine Erfindung vom Doktor Kleinermacher.
„Zuerst, lieber Dr. Kleinermacher, wollen wir den Wald besichtigen. Du hast uns den Mund so wäßrig gemacht mit deinen Bäumen und ihren schönen Geschichten.
Nichts tat der Doktor lieber.
„Hier seht ihr meine Eiche. Sie ist noch nicht so knorrig, weil sie noch ganz jung ist. Seid ihr enttäuscht? Eine alte Eiche kann man nicht pflanzen. Daneben steht die Buche. Auch die ist noch jung und klein. Buchen wachsen langsam. Da muß man Geduld haben.
Dahinten, die Birke, wächst schneller. Wenn die Birken schon alt sind, dann sind die Buchen immer noch jung. Und hier steht auch meine Erle, meine unheimliche Erle. Ihr kennt doch den ‚Erlkönig' von Goethe? So ein Unhold ist meine Erle auch. Wenn man sie abschlägt, dann wachsen aus dem Stumpf viele neue Erlen empor.
Was sagt ihr zu meiner Frau Linde? Sieht sie nicht gesund und frisch aus? Ja, kein Baum ist so oft besungen worden wie die Linde. ‚Am Brunnen vor dem Tore, da steht ein Lindenbaum ...', es gibt noch viele Lieder von der Linde.
Da seht ihr den Ahornbaum und hier die Roßkastanie. Das ist mein König aus dem Süden. Wißt ihr, warum man Roßkastanie sagt? Man hat früher, im Mittelalter, aus ihrem Samen ein Roß-Medikament hergestellt, und heute sagt man immer noch Roßkastanie, ohne sich etwas dabei zu denken. Wir kennen viele Pflanzen, die nach Heilmitteln benannt wurden, so zum Beispiel das Lungenkraut oder die Lebermoose. Aus den Lebermoosen kochte man früher einen Tee, der der Leber guttun sollte.
Hier in der Ecke steht die Esche.

Die junge Eiche, die Birke, die Linde und die
kranke Ulme mit dem hackenden Buntspecht,
Fingerhut und Gräser stehen zwischen den
Bäumen . . .

Buche, Roßkastanie, Pappel, junger Ahorn und Trauerweide; daneben die Nadelbäume -- und jetzt die Wunderflasche: Dieter ist davon sehr klein geworden.

Der Baum wächst wie toll. Übrigens, kennt ihr die Weltesche aus der Edda? Ich weiß, die Edda kennt ihr. In jedem Kreuzworträtsel heißt es: Nordische Dichtung? Antwort: Edda. Aber ihr müßt das Buch auch mal lesen. Da kommt nämlich auch etwas von der Weltesche vor, unter der die germanischen Götter Recht sprachen.
Nun schaut mal rüber zur Eberesche, dem Vogelbeerbaum. Kennt ihr das schöne Lied: ‚Keinen schöneren Baum gibt's als den Vogelbeerbaum...'? Aber warum heißt die Eberesche eigentlich Esche? Seht euch die Blätter der Esche und des Vogelbeerbaumes an. Sie ähneln sich in den Blättern, und doch sind die Bäume nicht miteinander verwandt. Darum sagte man früher zu dem Vogelbeerbaum, er sei auch eine Esche, eine Aberesche. Denn ‚aber' hatte damals den Sinn von ‚auch'. Der Aberwitz ist auch ein Witz, und der Aberglaube ist auch ein Glaube. Aus Aberesche wurde im Laufe der Zeit Eberesche. So heißt der Baum auch heute noch. Dort hinten in der Ecke steht die Robinie. Die Ähnlichkeit mit der Akazie hat ihr den volkstümlichen Namen gegeben. Bei uns wachsen keine echten Akazien, desto mehr aber die Pseudoakazien, wie die Botaniker die Bäume auch noch nennen."
Ganz grün waren die Stämme der Robinien, überzogen von Algen, mikroskopisch kleinen Pflanzen, die einfach auf der Rinde verschiedener Bäume sitzen. Und oben gegen den blauen Himmel konnten die Kinder die Blüten der Robinien sehen: weiße Trauben. Jede einzelne Blüte an den Trauben sah aus wie die Blüte einer Erbse. „Oder wie beim Goldregen in unserem Garten", sagte Dieter.
„Da hast du ganz recht", erwiderte der Doktor, „alle drei Pflanzen sind nahe Verwandte. Man nennt sie allesamt Schmetterlingsblütler, weil ihre Blüte tatsächlich ein wenig an den Schmetterling erinnert. Da steht meine Fichte! Wenn die Fichte auf den Weihnachtstisch kommt, heißt sie ‚Tannenbaum'. Dort ist auch die Lärche, unser einziger Nadelbaum, der im Winter alle Nadeln verliert. Und da die Eibe.
Das ist mein Wald! Er rauscht, er wächst, und ist schön! Hier, Kinder, in diesem Walde wollen wir unser erstes Abenteuer in diesem Jahre bestehen."
Die Kinder klatschten vor Freude in die Hände, und der Doktor holte die berühmte Wunderflasche hervor. „So, jetzt kann es losgehen!"
Die Kinder kannten die Wunderflasche schon. Trinkt man sehr viel daraus, dann wird man kleiner als ein Floh. Trinkt man aber nur wenig, nippt man nur von der Wunderflasche, dann wird man klein wie eine Maus. Diesmal wollte der Doktor sie so klein wie Ameisen machen. Sorgfältig füllte er Traute und Dieter eine bestimmte Menge von dem Wunderwasser ab und nahm schließlich selbst eine etwas größere Menge.
Kaum hatte jeder getrunken, so prickelte und kitzelte es, als ob der ganze Körper eine einzige Seltersflasche wäre. Zur gleichen Zeit

wuchsen die Bäume bis in den Himmel hinein. So kam es wenigstens den Kindern vor. Das Gras wurde größer und größer, bis man über die Grasspitzen nicht mehr hinwegsehen konnte. Und dann war jeder nur noch so groß wie eine Ameise.

Sieht die Welt merkwürdig aus, wenn man sie als Ameise anschaut! Der Boden ist so rauh und unregelmäßig, voller Felsbrocken, voller Gestrüpp und Balken.

„Wohin soll denn die Reise gehen, Doktor?"

„Vor uns liegt ein Berg. Seht ihr den? Das ist ein alter Maulwurfshügel. Darin haben sich jetzt Hummeln breitgemacht. Gehen wir hinein in das Hummelschloß!"

Traute war damit nicht einverstanden. „Doktor, wir haben im vorigen Jahr das Ameisennest und den Bienenkorb besucht. Immer hast du uns mit einer Flüssigkeit eingerieben, damit wir ebenso riechen wie die Tiere und die Tiere uns nicht als Feinde angreifen. Wir müssen uns jetzt doch auch einreiben!"

„Nein, das ist nicht notwendig. Die Hummeln sind zwar größer als Bienen, und stechen können sie auch ganz anständig, aber sie sind gutartiger. So leicht stechen Hummeln nicht. Wenn ich eine Hummel auf einer Blüte sitzen sah, bin ich manchmal dicht herangegangen und habe sie sanft gestreichelt. Sie ließ sich nicht stören, sog weiter am Honig, nur manchmal wehrte sie mit einem Bein unwillig ab. Ja – die Hummeln sind gutartiger als die Wespen und Bienen."

Die Kinder ließen sich beruhigen und gingen an den Berg heran. Der Doktor zeigte eine versteckte Öffnung und ging hinein. Die Kinder folgten ihm tapfer.

Schon am Eingang sahen sie eine Hummel, die sich festgekrallt hatte und mit den Flügeln wild um sich schlug. Die schnelle Bewegung der Flügel ergab einen summenden Ton. Was war denn das? Waren die Hummeln doch nicht so gutartig? Hatte ein Wächter unsere Ankunft bemerkt und alarmierte jetzt die Besatzung des Hummelschlosses?

Der Doktor hatte wieder etwas zu erzählen:

„Diesen kleinen ‚Hummeltrompeter' hat man schon lange beobachtet. Früher glaubte man, daß er die Weckeruhr des Hummelstaates sei. Achtung, aufstehen! Betten machen, die Sonne scheint schon, die Blüten warten auf uns.

Man glaubte felsenfest an den Hummeltrompeter als an eine Art staatlicher Weckeruhr. Etliche Forscher versuchten, den Hummeltrompeter zu entfernen. Das gelang ihnen auch. Aber dann kam eine andere Hummel und setzte das große Wecken fort.

Aber es ist durchaus nicht so poetisch. Der sogenannte Hummeltrompeter versucht nur die Luft zu verbessern. Er fächelt frische Luft in den Bau. Die vermeintliche Weckeruhr ist ein Ventilator. Das Geräusch, das dabei entsteht, ist ein zufälliges Geräusch.

Aber kommt weiter hinein in das Hummelnest!"

Deutlich merkten die Kinder den starken Luftzug am Eingang. Der lebende Ventilator ist ganz gut.

Und noch dazu ohne Strom und ohne Lichtrechnung.
Richtig, Licht! Es wird ja immer dunkler in dem Hummelnest. Hat denn der Doktor nicht an die Beleuchtung gedacht? Der Doktor denkt an alles. Es gibt in der Natur viele Tiere, die leuchten können. So ein paar Leuchtbakterien hatte der Doktor bei sich und leuchtete damit die Hummelhöhle ab.
„Solche Ordnung wie im Bienenstaat oder im Ameisenstaat herrscht nicht im Hummelnest. Auch ist die Besatzung viel geringer. Ein Hummelstaat kann mit zwanzig Einwohnern auskommen, es können aber auch bis zweihundert Staatsbürger werden. Ganz selten bringt es ein Hummelstaat auf fünfhundert Untertanen. Unregelmäßig und mit geringer Ordnung wird der Blütenstaub im Nest gesammelt, und mitten in den Blütenstaub werden die Eier gelegt. Die Hummellarven fressen sich voll, entwickeln sich, und ehe sie zu fertigen Hummeln auswachsen, spinnen sie den Kokon und schlafen darin den Schlaf der Gerechten. Man spricht von Hummelpuppen. Krabbeln später die fertigen Hummeln aus, dann stehen die leeren Kokons wie Fingerhüte herum. Aber die Hummeln haben für diese Fingerhüte noch Verwendung. Die leeren Kokons werden als Honigtöpfe benutzt.
Das ist so ziemlich alles im Hummelnest. Etwas dürftig, nicht wahr? Aber auch so ein Hummelstaat hat seine Geheimnisse. Kinder, laßt euch die Geschichte von der großen Hummelmutter erzählen. Die Dame da, die größte im Staate, das ist die große Hummelmutter. Im vorigen Jahr ging sie auf die Hochzeitsreise, dann suchte sie ein verborgenes, geschütztes Plätzchen auf, um dort zu überwintern. Im Frühling begann sie mit der Staatsgründung ganz allein, denn nur sie blieb vom Hummelstaate übrig, alle anderen starben schon im vorigen Spätherbst.
Die Hummelmutter sucht sich ein geeignetes Plätzchen für das Nest, baut zunächst eine Zelle aus Wachs, vermischt mit von Bäumen gesammeltem Harz, füllt sie mit Blütenstaub und Honig und legt einige Eier hinein. Dann baut sie nach und nach weitere Zellen. Die ausschlüpfenden Larven versorgt die Königin mit frischem Futter, bis sie sich in einem selbstgesponnenen Kokon verpuppen. Die ersten auskriechenden Hummeln sind auffallend klein, es sind verkümmerte Weibchen, sogenannte Arbeiterinnen. Die Arbeiterinnen machen ihrem Namen Ehre, fliegen

Der gemütliche kleine Hummelstaat. Wenn der „Ventilator“ am Eingang mit den Flügeln gegen den Boden schlägt, dann entsteht der laute „Trompetenton“.

ein und aus, sammeln Blütenstaub und Honig, halten das Nest in Ordnung, und schließlich braucht sich die große Hummelmutter nur noch den Geschäften des Eierlegens zu widmen. Immer seltener fliegt sie aus, bis sie überhaupt nicht mehr das Nest verläßt. Die Arbeiterinnen, die jetzt aus den Eiern schlüpfen, werden immer größer, und schließlich gedeihen die Arbeiterinnen so gut, daß sie selbst Weibchen werden. Zwar erreichen sie noch nicht die Größe der Hummelmutter, aber sie können schon Eier legen. Aus diesen unbefruchteten Eiern gehen nur Männchen hervor. Die Weibchen, die aus den Eiern der großen Hummelmutter kommen, werden immer kräftiger. Schließlich werden sie so groß wie die Hummelmutter selbst. Jetzt feiern die neuen Weibchen Hochzeit mit den Männern. Das ist aber ganz anders als im großen Bienenstaat. Es gibt keinen Drohnenkrieg, aber gelegentlich einen Hochzeitsflug. Oft feiern die Hummeln ihre Hochzeit einfach im Bau.

Dann, wenn es kalt wird und immer weniger Blütenstaub und Nektar als Futter zur Verfügung steht, stirbt alles ab im Hummelstaate. Die Arbeiterinnen sterben, die Männer sterben, und selbst die alte große Hummelmutter wird müde und legt sich hin. Nur die neuen Hummelmütter, die von der Hochzeitsfeier, verschlafen in irgendeinem Versteck den Winter und gründen im Frühjahr einen neuen Staat."

Der Doktor war mitten im Erzählen in der schwach beleuchteten Höhle, als Dieter plötzlich mit der Hand auf eine besondere Hummel wies.

„Doktor, was ist denn das hier für eine Hummel? Die sieht ja ganz anders aus. Ist sie krank?"

„Gut, Dieter, daß du den Unterschied merkst! Diese Hummel gehört gar nicht in unseren Hummelstaat. Das ist ein Eindringling, ein Räuber. Schade, daß wir keine Gewehre bei uns haben. Das Tier ist nämlich ein Schmarotzerhummel. Sie mag keine Kinder pflegen, sie kann auch keinen Blütenstaub sammeln, denn sie hat kein Körbchen an den Beinen wie die echten Hummeln. Aber sonst sieht sie doch den Hummeln ähnlich, nicht wahr?"

Die Hummeln sind wirklich gutartig, das muß man schon sagen. Sie lassen die Schmarotzerhummel passieren ohne Passierschein. Der Eindringling geht an die Blütenstaubvorräte, legt dort sein Ei ab, und dann verläßt er wieder den Staat der gutmütigen Hummeln. Das Räuberkind, das dem Ei entschlüpft, frißt das Hummelkind auf, ernährt sich von dem Vorrat der fleißigen Hummeln, und zum Schluß fliegt eine Schmarotzerhummel aus den Kokons. Auch unter den Insekten gibt es Schmarotzer, die wie der Kuckuck die Eier fremden Eltern unterschieben.

Da gibt's noch mehr Kuckuckseltern. Eine Schmarotzerbiene hat man sogar Kuckucksbiene genannt, das ist ihr wissenschaftlicher Name. Und eine Schmarotzerfliege besucht auch das Hummelnest. Wie eine Hummel sieht die Fliege aus, wenn man nicht ganz genau

hinsieht. Auch diese Fliege legt ihre Eier im Hummelnest ab.
Die drei Abenteurer verließen langsam das Nest der Hummeln, gingen durch die kleine Ausgangspforte, und bald standen sie wieder im vollen Sonnenlicht. Es war noch viel Zeit zum Größerwerden. Das Wunderwasser wirkt nämlich eine bestimmte Zeit, und diese Zeit war noch nicht abgelaufen.

Die Larve des Sandlaufkäfers in ihrer Fangröhre (Schnittbild). Zwischen herumliegenden Grasstückchen sind seine scharfen Zangen kaum zu erkennen.

Der Doktor wollte einen kleinen Spaziergang in der Nähe des Hummelnestes machen, um zu sehen, was es hier alles in der Umgebung gab. Vor ihnen krabbelte eine Ameise über das Geröll und den Felsenschutt des Sandbodens. Ihr nach! Wollen doch mal sehen, wohin die Ameise eilt!

Aber die Verfolgung war sehr schwierig, denn die Ameisen sind unheimlich flink. Schon glaubten die drei die Verfolgung aufgeben zu müssen, da kam die Ameise an einem Erdloch vorüber. Aus dem Erdloch schauten ein Paar Zangenspitzen heraus. Jetzt wurden die Zangenspitzen größer, erfaßten die kleine Ameise und verschwanden mit ihr in der Unterwelt.

Vorsichtig trat der Doktor näher und wagte einen neugierigen Blick in das Erdloch. Da unten schlängelte sich ein Wurm, viel, viel größer als die Ameise, hielt das kleine Tierlein zwischen die schrecklichen Zangen gepreßt und saugte das zappelnde Opfer aus. Der Doktor wußte sofort Bescheid.

Der fürchterliche Erdwurm ist die Larve eines Raubkäfers, des sogenannten Läufers. Der Raubkäfer ist schon ein unheimlicher Fresser und fällt alles Getier an, das er überwältigen kann. Sein Kind aber, die Larve, ist noch viel unersättlicher. Während der erwachsene Käfer seine Opfer offen anfällt, gräbt sich die Larve eine Art Röhre. Dahinein kriecht sie, preßt sich mit Dornen und Beinen fest, läßt nur die schrecklichen Zangenspitzen am Kopf aus dem Loch herausgucken und wartet auf Beute.

Wie in einem Gully sitzt der Räuber in seiner Höhle und überfällt die ahnungslosen Spaziergänger. Die Beute wird gepackt, getötet, in den Keller hineingezerrt und dann ausgesogen. So ein hinterlistiger Gullyräuber!

Der Doktor war noch im Betrachten, da kletterte der Räuber wieder nach oben, um auf neue Beute zu warten. Vorsichtig zog sich der Doktor zurück und berichtete den Kindern von seinen Beobachtungen, „Achtung, Kinder, geht nicht so dicht an den Gully heran, da drinnen sitzt ein heimtückischer Wegelagerer".

Die Kinder waren noch erschrokken über den Tod der Ameise, da kam auch schon eine kleine Wespe dem Gully zu nahe. Vorsichtig, kleine Wespe, du gehst in den Tod, du spielst mit deinem Leben. Aber die Wespe verstand die Menschensprache nicht, obgleich sie der Doktor mit dem wissenschaftlichen Namen Methoca anredete. Es war, als ob die Wespe absichtlich auf das kleine Räuberloch zuging.

Und nun war es geschehen. Die schrecklichen Zangen packten zu, die kleine Wespe wurde dabei emporgehoben, auch der Gullyräuber reckte sich etwas aus seiner Höhle heraus. Aber da kam das große Wunder. Blitzschnell krümmte die Wespe ihren Leib und drückte ihren Stachel in die Weichteile, die der Wegelagerer unvorsichtig entblößt hatte. Die Zangen öffneten sich, und wie tot sackte der Gullyräuber in sein Loch zurück. Wer anderen eine Grube gräbt, fällt selbst hinein.

Aber die Wespe war noch nicht fertig mit ihrem Werk. Die Bienen sammeln Honig und Blütenstaub für ihre Kinder ein. Die Wespenkinder aber wollen Fleisch essen. Erst die erwachsenen Wespen werden Vegetarier. Die kleine Wespe kletterte hinab zu dem ohnmächtigen Gullyräuber und legte ihre Eier an dem Scheintoten ab. Wenn die Wespenkinder aus den Eiern schlüpfen, dann fressen sie den ohnmächtigen Gullyräuber auf, der sich nicht wehren kann, dessen Fleisch aber auch nicht verdirbt, weil er ja noch am Leben bleibt. Die Ohnmacht ist so tief, daß der Gullyräuber keine Schmerzen empfindet beim Gefressenwerden. Wir empfinden ja auch keine Schmerzen, wenn wir unter Narkose operiert werden.

So frißt in der Natur ein Räuber den anderen. Die Wespe flog davon. Sie hatte sich überfallen lassen, bewußt sich der Gefahr ausgesetzt, denn wenn der Gullyräuber sie nicht angefallen hätte, wenn er seinen Körper beim Angriff nicht entblößt hätte – nie hätte die Wespe ihren Betäubungsstich anbringen können.

Die drei gingen weiter. Immer felsiger wurde das Gelände. Der Graswuchs hörte schließlich ganz auf.

Da sah Dieter einen Trichter im Sande, so groß wie eine Kiesgrube. Hurra! Hier gibt es etwas zum Klettern. Unter Hallo stürzte sich Dieter auf die Grube zu und rutschte die Böschung hinab. Der Doktor schrie ängstlich auf:

„Dieter, um alles in der Welt, bleib zurück! Unten im Loch sitzt noch so eine Bestie. Im Sande versteckt lauert der Ameisenlöwe, der wird dich auffressen."

Aber es war zu spät. Dieter stand schon mitten auf dem Abhang und wollte weiter Hurra schreien. Da kam aber die Kiesgrube in Bewegung. Dieter glaubte an ein Erdbeben, so wurden die Geröllmassen im Trichter erschüttert.

Dieter versuchte nach oben zu klettern, aber immer neue Erschütterungswellen brachten den Trichter in Bewegung. Geröllmassen überschütteten den armen Dieter, und der Junge rutschte immer tiefer hinab. Gellend schrie er um Hilfe.

Der Doktor rannte eiligst zurück, fand einen dünnen Grashalm, schleppte den Grashalm bis zum Trichterrande und ließ dann das eine Ende hinabgleiten. Das andere Ende behielt er in der Hand. Dieter ergriff den Grashalm wie einen Rettungsanker, der Doktor und Traute zogen am anderen Ende, und so kam Dieter langsam wieder nach oben, obgleich die Grube immer mehr in Bewegung kam und das Erdbeben immer gewaltiger wurde. Endlich war Dieter oben. Ganz blaß und aufgeregt war der Junge. Das war noch mal gutgegangen, wie leicht hätte das böse ausgehen können. Als er sich von seinem Schrecken erholt hatte, fragte er:

„Doktor, nun sage mir bloß, was war denn das schon wieder? Man kann ja kaum zehn Schritte gehen, schon kommt ein neues Abenteuer."

Und der Doktor mußte wieder berichten. „Da fliegt ein Tier durch

Neben dem vierblättrigen Kleeblatt hat Dieter natürlich Glück gehabt. An einem Grashalm wird er im letzten Augenblick aus der „Löwengrube" gezogen.

die Luft, das ungefähr wie eine Libelle aussieht. Dieses Tier legt seine Eier im Sande ab. Die Larven, die aus den Eiern kriechen, sehen nicht einer Libelle ähnlich, sondern mehr einer Wanze. Aber die Kinder sind weder Wanzen noch sind die Eltern Libellen. Es geht furchtbar komisch in der Natur der kleinen Welt zu. Was würdet ihr dazu sagen, wenn die Kamele Kinder bekämen, die den Tigern gleichen? Die Kinder unseres Tieres hier

nennt man Ameisenlöwen. Sie graben sich unter ruckartigen Bewegungen einen Sandtrichter. Und kommt eine Ameise dem Trichter zu nahe, dann wird der Sand so lange erschüttert, bis die Ameise immer tiefer in den Trichter rutscht. Das Erdbeben verursacht der kleine Ameisenlöwe auf dem Grunde des Trichters. Dabei fällt noch ein feiner Sandregen auf den Kopf des Opfers, und die Lage der Ameise wird immer hoffnungsloser. Am Grunde packen sie die Zangen des Ameisenlöwen, und die arme Ameise wird verzehrt. Es brauchen nicht immer Ameisen zu sein; kleine Raupen, Spinnen und Käfer verzehrt der Ameisenlöwe auch. In der Hauptsache sind es Ameisen..."

„Doktor, ich wachse!" rief die kleine Traute mitten im Erzählen. Und richtig, alle drei spürten jetzt im Körper das Prickeln, Reißen und Ziehen, welches das Ende des Zwergdaseins ankündigte. Jetzt wuchsen die drei Abenteurer über die Ameisenwelt hinaus, wurden größer und immer größer, bis sie wieder richtige Menschen waren.

„Schönen Dank, Doktor, für dieses neue Abenteuer! Es war wieder sehr aufregend, und wir haben wieder so viel gelernt. Ich dachte, in deinem Walde herrscht tiefer Friede. Es ist aber allerhand los in deinem Garten. Ich freue mich schon auf das nächste Mal. Schönen Dank, Doktor!"

Die drei setzten sich wieder auf ihre Räder und fuhren heimwärts. Schön war es wieder mit dem Dr. Kleinermacher. Wo wird er uns das nächste Mal hinführen?

Das Wespenkind in der Konservenbüchse

Als die Kinder wieder ihren Doktor besuchten, fanden sie ihn sehr nachdenklich vor.
„Was hast du denn, Doktor? Wir freuen uns, daß du wieder mit uns auf Abenteuer ausgehst, und du bist traurig? War es nicht wunderschön im Hummelnest? Und erst der Gullyräuber? Dem hinterlistigen Burschen hat es die kleine Wespe aber gegeben. Und die Sache mit dem Ameisenlöwen ist doch auch gut abgelaufen. So ein faustdickes Abenteuer habe ich mir immer gewünscht. Wir Kinder wollen doch etwas Spannendes erleben, erst dann ist es schön! – Was hast du denn, Doktor?"
„Ach, Kinder, ich war bodenlos leichtsinnig."
„Bodenlos leichtsinnig? Wie sollen wir das verstehen?"
„Bei jedem Abenteuer habe ich darüber nachgedacht: Welche Gefahren sind möglich, wie kann man sie vermeiden? Aber am letzten Sonntag bin ich gedankenlos mit euch in das Abenteuer gegangen. Ich habe für keinen Schutz gesorgt, für keine Sicherung. Ich war begeistert über meinen Garten, habe an nichts anderes gedacht als an mein schönes Stück Land, an meinen „deutschen Wald", aber an eure Sicherheit habe ich nicht gedacht."
„Aber, Doktor, es ist doch alles gut abgelaufen. Wie hätte es denn noch besser klappen können?"
„Ja, es ist alles gut abgelaufen. Wie leicht hätte es aber auch schiefgehen können! Daß es gut gegangen ist, ist nicht mein Verdienst, sondern euer Glück. Aber das nächste Mal will ich nicht wieder so leichtsinnig sein."
Und der Doktor packte die Schutzvorrichtungen aus, die er heimlich angefertigt hatte. So klein wie Fliegen sollten die Kinder werden. Jeder sollte einen grünen Schirm zum Aufspannen bekommen. „Die Vögel von oben dürfen nicht erkennen, daß dort unten Menschenzwerge gehen. Die Vögel schnappen nämlich alles weg, was auf dem Boden herumkrabbelt." Und jeder erhielt außerdem ein kleines, niedliches Gewehr mit Munition, so klein, daß es für Fliegenzwerge gerade groß genug ist. Und so ging es denn auf die Reise.
Wieder hatten die drei Abenteurer ihre Fahrräder mit und strampelten mühselig diesmal gegen den Wind dem Garten Doktor Kleinermachers zu. Dieter war über den Wind von vorn böse.
„Doktor, ist das nicht ein Jammer? Man kann fahren, wohin man will, immer hat man Vorderwind. Der schöne Schiebewind ist so selten. Und freut man sich über die Rückfahrt mit dem Schiebewind, dann hat sich der Wind gedreht, und man hat auf der Rückfahrt wieder Vorderwind. Es ist ein Jammer mit dem Wind. Warum hat man eigentlich so selten Glück und so oft Pech?"

„Das kann ich dir sagen, Dieter. Man hat nämlich ungefähr ebensooft Glück wie Pech. Auch ich glaubte früher, daß der Schiebewind selten sei. Nun bin ich ein Gelehrter, und die Gelehrten sind sehr gründlich. Also legte ich mir ein Buch an, und dahinein schrieb ich alle Fahrten. Und hinter jeder Notiz vermerkte ich, ob ich Rücken- oder Vorderwind hatte. Als ich hundert Fahrten zusammenhatte, was soll ich euch sagen – da stand auf zwölf Fahrten Windstille, auf sechsundvierzig Fahrten Rückenwind und auf zweiundvierzig Fahrten Wind von vorn.

Aber wie kommt es, daß wir annehmen, der Rückenwind sei so selten? Erstens empfinden wir die Windstille auch als Vorderwind, weil unser Rad sich gegen die Luft in Bewegung setzt. Zweitens wird ein schwacher Rückenwind von uns überholt, dann empfinden wir den Rückenwind auch als Gegenwind. Und drittens sind wir sehr undankbar. Oftmals notieren wir den Schiebewind gar nicht in unserem Gedächtnis. Er ist schön, der herrliche Schiebewind, aber nach der Fahrt haben wir die Erleichterung schon vergessen. Über den Gegenwind aber können wir stundenlang schimpfen."

„Doktor, in deiner Gegenwart wage ich gar nichts mehr zu sagen. Wenn wir etwas Falsches denken, kannst du uns immer gleich auf die richtige Spur helfen. Woher hast du denn bloß all deine Klugheit?"

„Wißt ihr, Kinder, das hat viele Gründe. Erstens war ich als Junge ebenso neugierig wie ihr, zweitens habe ich gute Lehrer gehabt und drittens hatte ich ja bis jetzt fünfmal soviel Zeit, etwas zu begreifen, wie ihr."

„Also ist es bei uns nicht unmöglich, auch einmal Gelehrte zu werden. Mir würde es großen Spaß machen, auch ein richtiger Naturforscher zu werden und der Traute auch!"

Mit Gesprächen und Gesang kamen die drei zum Garten des Doktors. Die Räder wurden in den Stall gestellt, ein kräftiges Frühstück wurde eingenommen, und dann ging es frisch und froh zum nächsten Abenteuer. An der Waldgrenze stellten sich die drei Abenteurer auf. Die Schutzschirme und Gewehre wurden auf die Erde gelegt, und die Wunderflasche ging von Hand zu Hand.

Achtung, fertig, los! Prosit! Wie das kitzelte und krabbelte im Körper. Die Welt wurde so groß und weit, die Sandkörnchen wurden zu Felsblöcken und die Gräser zu riesigen Halmen.

Dann hörte das Zusammenschrumpfen auf, und so klein wie Fliegen standen die drei Abenteurer im Sande. Schnell ergriffen sie ihre Regenschirme und ihre Gewehre. Es kann also losgehen!

Die Kinder fühlten sich wohl als Zwerge und forderten alle Gefahren der Natur heraus. Und die ließen nicht lange auf sich warten. Nicht weit von ihnen rannte in schnellem Lauf eine sogenannte Wegwespe über den Boden. Während des Rennens schlug sie immerfort ihre Flügel, als wenn sie im Laufen fliegen wollte. Die Wespe

hatte auffallend lange Beine, lang waren aber auch die Fühler, mit denen sie im Rennen den Boden abtastete. Die Kinder wußten es längst, die Fühler sind die Riecher, die Nasen der Insekten. Will die Wegwespe wie ein Spürhund eine Fährte abtasten? Ist die Wegwespe ein Polizeihund, der einen Verbrecher verfolgt? Manchmal erhob sich die Wegwespe auch in die Luft, aber immer blieb sie dicht über dem Boden. Nie wollte sie die Spur verlassen.

Die kleine schwarzblaue Wegwespe hat die junge Gartenkreuzspinne gestellt . . .

Prächtig rot und schwarz war die Wespe gefärbt. Wen mag sie nur suchen, die schöne Wegwespe? Sucht sie ihre Kinder oder ihren Mann? Was läuft denn da? Eine Kreuzspinne. Hastig sind die Bewegungen, und schnell ist der Lauf. Hat die Kreuzspinne denn Angst vor der kleinen Wespe? Das wäre lächerlich, wo doch die Kreuzspinne viel größer ist. Jetzt erblickt auch die Wespe die Kreuzspinne. Wie ein Falke stürzt sich die kleine Wespe auf die große Kreuzspinne. Ist sie denn verrückt geworden? Wie kann man es nur mit so einem großen Feind aufnehmen?

Aber die Kreuzspinne hat ja Angst. Furchtsam zieht sie ihre langen Stelzen zusammen. Wie der Blitz kommt die Wespe über die Spinne her. Sie krümmt ihren Leib und sticht die Spinne in den Bauch. Das ging aber schnell. Kaum drang der Wespenstachel in das Spinnenfleisch, da sackte die Spinne auch schon tot zusammen!

Jetzt wird die kleine Wespe sicher die große Spinne auffressen. So ein tapferer Spinnentöter! Die Kleinen haben es doch oft in sich.

Aber die Spinne war nicht tot, sie war nur gelähmt. Die Wespe schleifte die große Spinne in das Erdloch, das sich die Wegelagerin als Kinderwiege angelegt hatte. Hier bugsierte sie die betäubte Spinne hinein, legte ihr Ei ab, und die Spinne mußte weiterleben, um sich langsam von dem Wespenkind auffressen zu lassen. Die erwachsenen Wegwespen ernähren sich friedlich von den Nahrungsmitteln der Blüten, die Kinder aber brauchen Fleisch, das ihnen die Mutter besorgt. Aber die Wegwespe ist ein Doktor Unblutig. Der Stich ins Bauchmark betäubt so gut, daß die Spinne noch siebzig Tage leben kann, ohne zu merken, wie sie langsam aufgefressen wird.

Die kleine Spinnentöterin, wer hätte das von ihr gedacht? Vor lauter Staunen über dieses Schauspiel vergaßen die Kinder das Fragen beim Onkel Doktor Kleinermacher. Endlich hatte sich Dieter von seinem Erstaunen erholt und wollte gerade den Doktor ansprechen, als dieser leise sagte: „Sei mal ganz ruhig, mein Junge. Ich glaube, jetzt kommt der zweite Akt des Trauerspiels. Oder? Nein, es ist ein Bombardierkäfer. Paßt gut auf, es wird kein Trauerspiel, sondern eine Komödie. Jetzt gibt es einen Luftangriff, abgewehrt durch einen Gasangriff. Wir werden jetzt erleben, wie man sich gegen Wegelagerer zur Wehr setzen kann!"

Über den Weg krabbelte in schnellem Lauf ein Käfer. Er war nur klein und schmal, aber auffallend war sein Kleid, das mit roten und dunkelblauen Farben nicht sparte. Hinter ihm her war wieder eine Wegwespe. Soll auch der Käfer eine Beute der Straßenräuberin werden? Aber es kam anders.

Wieder stürzte sich die Wegwespe wie ein Falke auf den Käfer. Dieser aber hob sein Hinterteil empor, richtete seinen Körper wie eine Kanone auf die Wespe, und unter lautem Knall spitzte er eine Wolke auf die Straßenräuberin. Die volle Ladung hatte die Wespe nicht erhalten, aber was sie abbekommen hatte, genügte. So eine Gemeinheit! Da will man einen Käfer angreifen, und der Stänker hebt sein Hinterteil empor und schießt Salut. Hat man je gehört, daß Insekten mit Kanonen schießen? Die Wegwespe protestierte und zog sich schleunigst zurück. Da sind die Spinnen doch anständiger. Die wehren sich nicht, die haben nur Angst. Aber der Bombardierkäfer ist ein ungehobelter Geselle, der verteidigt sich. Wer soll denn da noch vom Straßenraub leben, wenn alle Insekten mit Kanonen schießen?

Aber die Kinder waren anderer Meinung. Sie klatschten Beifall. Bravo, tapferer kleiner Käfer! Der Straßenräuberin hast du es aber gegeben!

„Ja, das ist eine chemische Abwehr unter Tieren. Dieser Käfer, der Bombardierkäfer, ist es nicht allein. Der verspritzt mit lautem Knall ein Gemisch von Salpetersäure. Im Meere gibt es eine Schnecke, die verspritzt Salzsäure. Das zieht noch besser, weil die Schnecke größere Ladungen abschießen kann. Auf dem Lande sind es die sogenannten Blutspritzer unter den Insekten. Die drücken aus ihren Gelenken eine Ladung übelriechenden Blutes ihren Feinden direkt ins Gesicht. Die Feinde schütteln sich vor Ekel. Und erst das Stinktier in Amerika! Wenn ein Hund sich einem Stinktier nähert, dann richtet das Stinktier nur seine hinterlistige Kanone auf den Hund. Achtung, ich stinke, wage nicht, näherzutreten. Ich stinke besser als jeder Misthaufen. Hermann Löns sagte einmal, gegen ein Fuder Mist kann ein einzelner nicht anstinken. Da hatte er nicht ganz recht, das Stinktier kann es. Es kann sogar eine Duftpackung abschießen.

Der Bombardierkäfer wehrt die Wegwespe auf seine Art wirkungsvoll ab.

Ich sage euch, Kinder, der chemische Krieg unter Tieren ist gar nicht so selten. Der Tintenfisch zum Beispiel spritzt seine Tinte aus, wenn er in Gefahr ist. Er nebelt sich unter Wasser ein und verduftet hinter der Nebelwand. Aus Tinte besteht die dunkle Flüssigkeit nicht..."
Der Doktor wollte noch weitersprechen, aber ein neues Ereignis lenkte seine Aufmerksamkeit ab. Das geht ja heute Schlag auf Schlag.
Zur Rechten der drei Abenteurer bildete der Sand einen kleinen Abhang. In halber Höhe beobachteten die drei einen Tunneleingang, der schräg in den Sand hineinführte. Wer hat sich denn hier einen U-Bahn-Tunnel angelegt?
Die Kinder brauchten nicht lange zu warten. Bald kam, mit dem Kopf zuletzt, eine sogenannte Sandwespe aus dem Loch heraus. Wie ein Hund grub sie ihre Röhre. Größere Steinchen packte sie mit den Beinen und ließ die Sandbrocken den Abhang hinunterrollen. Manchmal flog sie etwas fort und verstreute den ausgegrabenen Sand in der Umgebung. Die Arbeit schien der Wespe zu gefallen, denn sie ließ fortwährend einen summenden Gesang ertönen, ein Arbeitslied, das die Grabetätigkeit begleitete. Aber nicht mit dem Mund erzeugen die Insekten ihre Gesänge, sondern mit den Flügeln. Der Mund ist stumm, auch bei den Zikaden und Heuschrecken.
Schwere Arbeit macht Appetit. Manchmal flog die Sandwespe fort, besuchte eine Blüte und trank sich satt, um frisch gestärkt die Arbeit fortzusetzen.
Was will die Sandwespe nur? Legt sie sich eine Wohnung an? Baut sie einen U-Bahn-Tunnel? Will sie einen Schatz heben? So graben ja auch die Geldschrankknacker vor irgendeinem Keller aus einen Gang zu entfernten Geldschränken. Aber was hat die Sandwespe mit Geldschrankknackern zu tun?
Jetzt war der Tunnel fertig. Suchend erhob sich die Sandwespe in die Luft und streifte die Gegend ab.

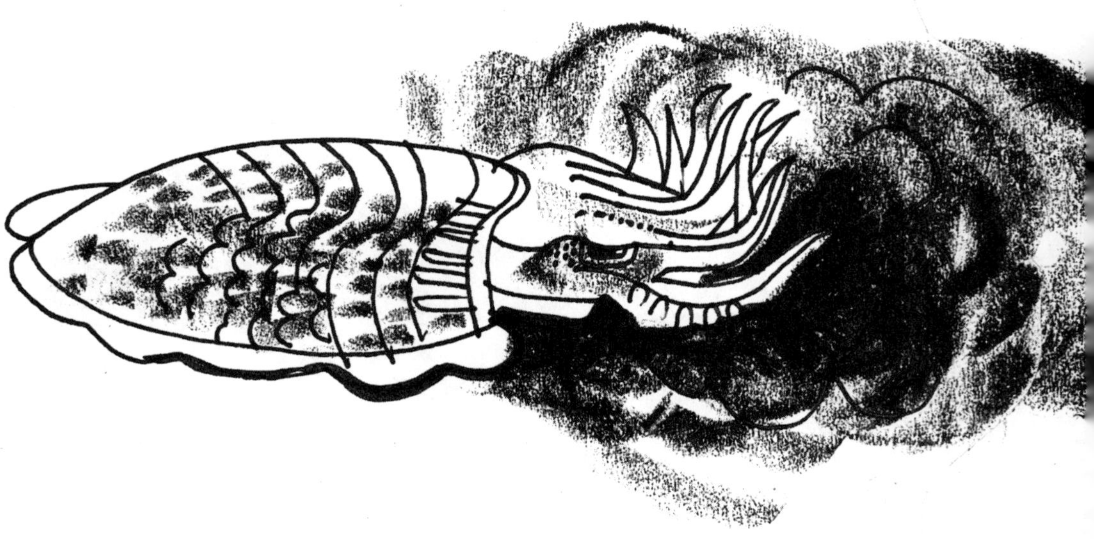

Ähnlich wie der Bombardierkäfer, so verteidigt sich das kleine Stinktier gegen die stärksten Kojoten.

Auch der Tintenfisch hat seine wirkungsvolle Methode: Er nebelt sich ein und verschwindet.

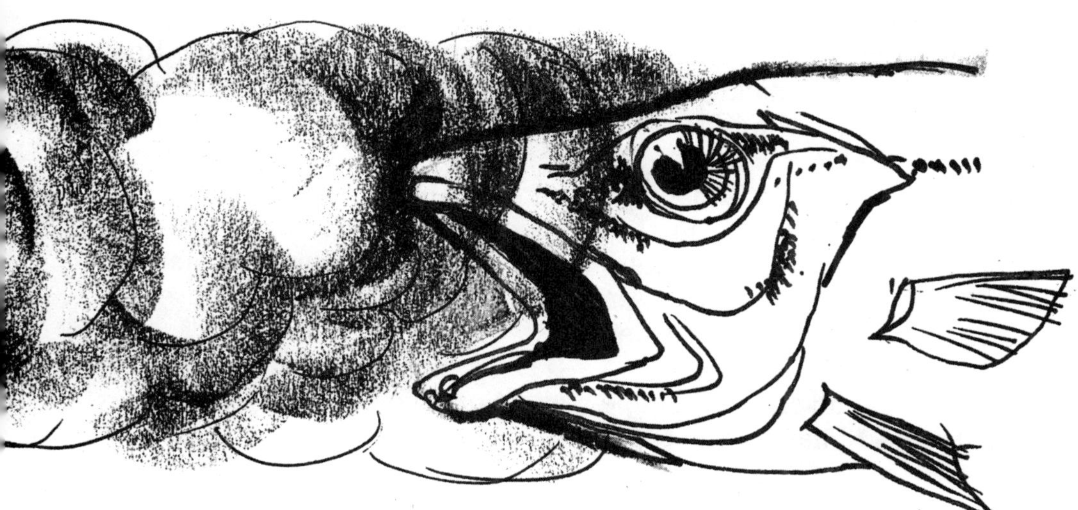

Suchte sie einen Gemahl für die Hochzeitshöhle? Die Kinder waren sehr gespannt. Der Doktor jedoch lächelte. Er wußte schon, was da kommen würde. Die Kinder aber ließen die Augen nicht von der suchenden Wespe.

Unten, da, wo das Gras begann, kroch eine dicke, fette Schmetterlingsraupe. Sie hatte sich so vollgefressen, daß ihre Haut beinahe platzen wollte. Viel, viel größer war die Raupe als die Sandwespe mit ihrem roten Hinterleib. Kaum hatte die Sandwespe die Raupe gesehen, da flog sie auf die Raupe zu. Die Raupe schien die Gefahr zu ahnen, denn sie bäumte sich abwehrend auf. Aber jetzt gab es kaum noch Zeit zum Überlegen. Die Sandwespe hatte die Raupe erreicht, stürzte sich über sie her und versetzte ihr rasch ein, zwei, drei Stiche in den fetten Leib.

Wie vom Blitz getroffen ließen die heftigen Bewegungen der Raupe nach. Schwache Zuckungen zeigten jedoch an, daß die Raupe nur betäubt, nicht tot war. Jetzt setzte sich die Sandwespe wie ein Reiter auf die Raupe, aber die langen Beine berührten noch den Boden. Die Raupe wurde im Genick gepackt, und so zerrte der Raubritter die gelähmte Beute dem Eingang des Tunnels zu. Obgleich die Raupe zehnmal schwerer war als ihr Besieger, wurde sie doch sicher der Räuberhöhle zugeschleppt. Am Abhang aber wurde die Arbeit noch mühevoller. Manchmal entglitt der Wespe die schwere Raupe und rollte den Abhang wieder hinunter. Aber schließlich lag sie vor dem Eingang der Höhle. Jetzt ließ die Sandwespe ihr Opfer los, ging in die Höhle hinein und sah nach, ob alles in Ordnung sei. Dann endlich zwängte die kühne Raupentöterin die pralle Wurst in den Tunnel hinein. So, jetzt war sie gefangen. Sorgfältig verbarrikadierte die Wespe den Eingang, und zum Schluß war der Erdboden wieder so glatt, daß niemand ein Gefängnis vermuten konnte. Dann flog die Raupenbekämpferin befriedigt von dannen.

„Nun sag bloß, Doktor, was soll das bedeuten? Hat die Raupe silberne Löffel gestohlen, und ist die Sandwespe ein Polizist, der die Raupe verhaften und einsperren mußte? Wieviel Monate Gefängnis hat die Raupe denn bekommen?"

„Kinder, ihr habt hier eine Konservenfleischfabrik erlebt. In der Höhle ist ein Ei der Sandwespe. Wie so oft in der Wespenwelt, verachten die Wespenkinder die Blütennahrung und wollen Fleisch fressen. Aber Fleisch verfault, lebende Tiere rücken aus, und auf Insektenjagd kann das kleine Wespenkind noch nicht gehen. Darum legt die sorgsame Wespenmutter eine Konservenfabrik an. Die Raupen werden gestochen, das habt ihr ja gesehen. Die Stiche haben die Raupe nur gelähmt, nicht getötet. So bleibt das Fleisch frisch und verdirbt nicht. Die Raupe hat die Aufgabe, eine Konservenbüchse für das Wespenkind zu sein.

Das ist übrigens nicht so selten. Nicht nur die Sandwespe macht es so, auch die Mordwespe, Grabwespe, der Bienenwolf und eben habt ihr ja selber gesehen, wie die Wegwespe für ihre Brut eine Spinne fing. Selbst Fliegen legen sich auf etwas andere Art eine Konservenbüchse für ihre Kinder an. Aber nicht nur die Insekten sind Konservenfabrikanten. Der Maulwurf beißt Regenwürmer so geschickt, daß sie nicht sterben, aber auch nicht mehr fliehen können: frische Fleischnahrung für Notzeiten. Ähnlich macht es der Iltis mit Fröschen. Selbst der Polarfuchs im hohen Norden legt sich einen Eiskeller mit gefangenen Tieren an. Er tötet wohl die Tiere, aber die Eispackungen sorgen dafür, daß das Fleisch nicht verdirbt. Das sind so die Konservenfabrikanten unter den Tieren.

Habt ihr übrigens gesehen, wie die Sandwespe vor dem Einschleppen der Raupe sorgfältig die Höhle untersuchte? Da gibt es nämlich hinterlistige Schmarotzerfliegen. Sie sind zu schwach, um selbst Raupen einzuschleppen. Sie verstehen auch nicht die Kunst der Betäubung. Wenn eine Schmarotzerfliege eine Sandwespe bei der Arbeit beobachtet, dann legt sie schnell ein Kuckucksei in die Höhle. Das Fliegenkind schlüpft früher aus dem Ei, tötet das Wespenkind und frißt die Raupe auf. Kuckuckseier gibt es unter den Insekten viel mehr als unter den Vögeln. Wenn nach langer Zeit die Höhle geöffnet wird, dann kriecht keine fertige Sandwespe aus dem Raupengefängnis, sondern eine fertige Schmarotzerfliege. Die Schmarotzer leben halt immer auf anderer Leute Kosten.

Die Gärtner freuen sich über die Sandwespen und über die Räuber ganz allgemein, denn viele Raupen und andere Pflanzenfresser werden von ihnen vertilgt. Dafür ärgern sich wieder die Schmetterlingssammler über die Sandwespen. Aber wem soll es die Natur recht machen?"

Die drei Abenteurer gingen im Gespräch von der sandigen Stelle fort und kamen in eine Graslandschaft, die bedeutend feuchter war als der Arbeitsplatz der Weg- und Sandwespe. Mußten sie im Sande über Geröll und Felsblöcke klettern, so arbeiteten sie sich jetzt durch einen Urwald von Gestrüpp und riesigen Grasstengeln. Immer feuchter wurde der Boden, und Traute dachte schon daran, umzukehren. Da entdeckte Dieter eine merkwürdige Pflanze. Wie ein grünes Blättchen

Zum Bild auf den nächsten Seiten:
Die schönfarbige Sandwespe schleppt eine betäubte und gleichzeitig erstarrte Kohlweißlingsraupe in ihre Erdhöhle. Oben auf dem Kohlblatt wachsen neue Raupen heran und daneben setzt ein Kohlweißlingweibchen seine schöngeformten Eier ab.

lag die kleine Pflanze am Boden. Zuerst dachte Dieter, es sei ein herabgefallenes Blatt. Dann entdeckte er, daß das „Blatt" an der Unterseite mit mehreren Wurzeln festgewachsen war.

„Doktor, was ist denn das hier für eine Pflanze? Aber, bitte – nicht lateinisch, sonst bin ich genau so schlau wie vorher."

„Dieter, diese Pflanze hier kennst du, und du kennst sie auch wieder nicht."

„Doktor, du sprichst in Rätseln. Sicher kommt jetzt wieder ein großes Geheimnis."

„Ja, denn diese Pflanze hier ist ein Farnkraut."

„Aber ich habe mir Farnkräuter anders vorgestellt."

„Die Pflanze, die du als Farnkraut kennst, mit den langen, palmenartigen Blattwedeln, ist auch ein Farnkraut. Aber es ist nur die eine Hälfte. Hier ist die andere."

„Du sprichst immer rätselhafter. Wie soll ich das verstehen, Doktor?"

„Also dann wollen wir uns mal deutlicher ausdrücken. Deine Farnkräuter haben doch oft an der Unterseite der Blätter viele braune Punkte. Geschützt unter diesen braunen Flecken sitzen sehr kleine Kapseln. In den Kapseln nun liegen die winzigen Sporen der Farnkräuter. Kommt nun trockenes Wetter, dann springen die Kapseln durch einen sinnreichen Mechanismus auf und schleudern die Sporen von sich. Die Sporen fallen auf die Erde, entwickeln sich und wachsen zu solchen kleinen Pflanzen heran, wie ihr eine hier vor euch seht. Auf diesem kleinen Gewächs spielt sich ein Vorgang ab, der den Vorgängen in der Blüte ähnlich ist. Und das Ergebnis dieser Befruchtung ist dann erst die große Farnpflanze. Es wechseln also immer zwei Pflanzenarten ab. Erst die große Farnpflanze und dann das kleine Blättchen, der sogenannte Vor-Keim, dann wieder die große Farnpflanze und so fort. Das Ganze nennt man Generationswechsel.

Der Generationswechsel ist nicht nur bei den Farnkräutern bekannt. Auch die Moose kennen eine ähnliche Erscheinung. Aber selbst Tiere haben Generationswechsel. Ihr kennt die frei schwimmenden Quallen in den Meeren. Sie bekommen Kinder, die ganz anders aussehen. Es werden Polypen, die auf dem Meeresgrunde festwachsen und wie Blumen aussehen. Diese Blumentiere bekommen Kinder, und das sind wieder Quallen. Das geht so in ewiger Abwechslung. Wißt ihr auch, wer den Generationswechsel entdeckt hat? Es war ein großer Dichter und ein Naturforscher dazu. Ihr kennt ihn alle, es war Adelbert von Chamisso. Habt ihr den reizenden ‚Peter Schmemihl' gelesen? Ja, Chamisso war nicht nur Dichter, er war auch Naturforscher. Viele Entdeckungsfahrten nach fremden Ländern hat er gemacht. Lange Zeit war er wissenschaftlicher Mitarbeiter am Berliner 'Botanischen Garten."

Jetzt meldete sich Dieter voller Eifer: „Ich weiß noch mehr Beispiele! Bei den Schmetterlingen gibt es auch einen Generationswechsel. Erst kommt der Schmetterling, dann die Raupe, dann der Schmetterling und so fort. Da weiß ich noch ein Beispiel. Ist es bei den Fröschen nicht genauso? Erst kommt der Frosch, dann die Kaulquappe, dann der Frosch und so immer weiter."

„Halt, Dieter, da bist du im Irrtum. Das ist kein Generationswechsel. Die Raupe entwickelt sich zum Schmetterling, sie bringt den Schmetterling nicht durch Geburt hervor. Ebenso ist es bei der Kaulquappe. Aber die Qualle hat Kinder, die Polypen heißen. So einfach ist es nicht mit den Wissenschaften."

„Schade, ich glaubte schon sehr klug zu sein, und nun ist es wieder nichts. Na, dann wollen wir mal weitergehen. Vielleicht ist noch ein kleines Abenteuer fällig?"

Dieter hatte es kaum ausgesprochen, da setzte schon das Prickeln und Ziehen im Körper ein, das die Kinder bereits kannten. Und da folgte auch schon das Wachstum. Es war aus mit den Abenteuern für heute.

Als die drei wieder gewöhnliche Riesen waren, sammelte der Doktor die drei kleinen Schirme und die drei winzigen Gewehre ein. Dieter sagte:

„Schade, nun hatten wir die ganze Zeit Gewehre in den Händen, und nicht einmal haben wir geschossen. Wozu hat man denn seine Kanone bei sich?"

Aber Traute war zufrieden. „Dieter, die Tiere wollen doch auch leben. Mußt du denn immer schießen? Wenn wir angegriffen werden, dann ist es immer noch Zeit, sich zu verteidigen."

„Wer sagt denn, daß ich auf Tiere schießen wollte? Nur mal ein bißchen in die blaue Luft hineinknallen, das macht doch Spaß! Ich und auf Tiere schießen? Traute, du denkst aber schlecht von mir."

Dann setzten sich die drei auf ihre Fahrräder und fuhren nach Haus.

Zum Bild auf den nächsten Seiten:
Aus einem Farnwedel schüttelt Doktor Kleinermacher eine ganze Sporenwolke. Dahinter wachsen am Boden die herzförmigen Vorkeime. Aus Dieters „Blattunterseite" wächst schon eine kleine Farnpflanze heraus.
Besonders interessant ist es im Frühjahr die sich entrollenden Farnwedel zu beobachten (rechts)
Traute hat einen neuen Hut kreiert: es ist der Haarschopf des Frauenhaarmooses, der die Sporenkapsel zudeckt.

Mit dem Untergrundboot durch die Unterwelt

Diesmal hatte der Doktor Kleinermacher seinen Freunden gesagt, sie müßten wieder ein paar Wochen auf ihn verzichten. Er arbeite wieder an einer Erfindung, an einem ganz neuen Fahrzeug. Was das für ein Fahrzeug sei? Darüber wolle er noch nicht sprechen, es solle eine Überraschung werden. Ganz sicher sei er auch nicht, ob die Erfindung ihm gelinge. Aber er habe viel Zuversicht.

Auch die Kinder waren nicht hoffnungslos. Ist denn dem Doktor schon jemals etwas mißlungen?

So blieben sie, obwohl mit etwas Ungeduld, in freudiger Erwartung. Der Doktor wird schon eine ganz großartige Sache bauen. Aber warum läßt er sich nicht helfen? Damals, beim Bau des U-Bootes im vorigen Jahr, da durften wir ja auch helfen. Na, der Doktor wird schon wissen, warum er seine Überraschung allein basteln will.

Endlich kam der Tag heran. Wieder bestiegen die drei Abenteurer ihre Fahrräder, und dann ging es in den frischen Sonntagmorgen hinein.

Dieter fuhr voraus wie ein wilder Rennfahrer, und Traute und der Doktor kamen langsamer hinterher. Der Dieter wird schon müde werden, dann wird er auch in unserem Tempo fahren. Eile mit Weile. Endlich hatte der Dieter das Sausen satt, und er gesellte sich mit seinem Rade zu den beiden anderen. Plötzlich sagte er:

„Doktor, dein Rad piept ja so. Hast du vergessen das Rad zu schmieren?

"Der Doktor lauschte auf die Geräusche seines Rades. Richtig, der Dieter hatte recht. Bei jeder Radumdrehung gab sein Fahrrad einen Pieplaut von sich.

„Bist du denn taub, Doktor? Hast du das Piepen wirklich nicht gehört?"

Die drei stiegen ab, und der Doktor ölte sein Rad.

„So, jetzt kann es weitergehen."

„Doktor, bist du schwerhörig?"

„Nein, das bin ich nicht, Dieter. Aber wenn man ein bestimmtes Geräusch immerzu hört, dann hört man es überhaupt nicht mehr. Die Dinge, die wir alle Tage sehen, die sehen wir auch nicht mehr. Ebenso ist es mit den Geräuschen. Ein Fahrstuhlführer erzählte mir einmal, daß er die Maschinengeräusche in seiner Fabrik schließlich gar nicht mehr wahrnahm. Als er aber einmal in der Pause mit seinem Fahrstuhl nach dem Maschinensaal fuhr, die Fahrstuhltür öffnete und ihm die Stille der Fabrik entgegenkam, da merkte er erst, daß die Maschinen ja eigentlich einen großen Krach machten. Ebenso ging es einem Mühlenbesitzer. Wenn seine Wasserräder Tag und Nacht den gleichen Lärm machen, dann hört er die Geräusche nicht mehr. Er kann bei dem Krach seiner Mühlenräder schlafen. Nur einmal, es

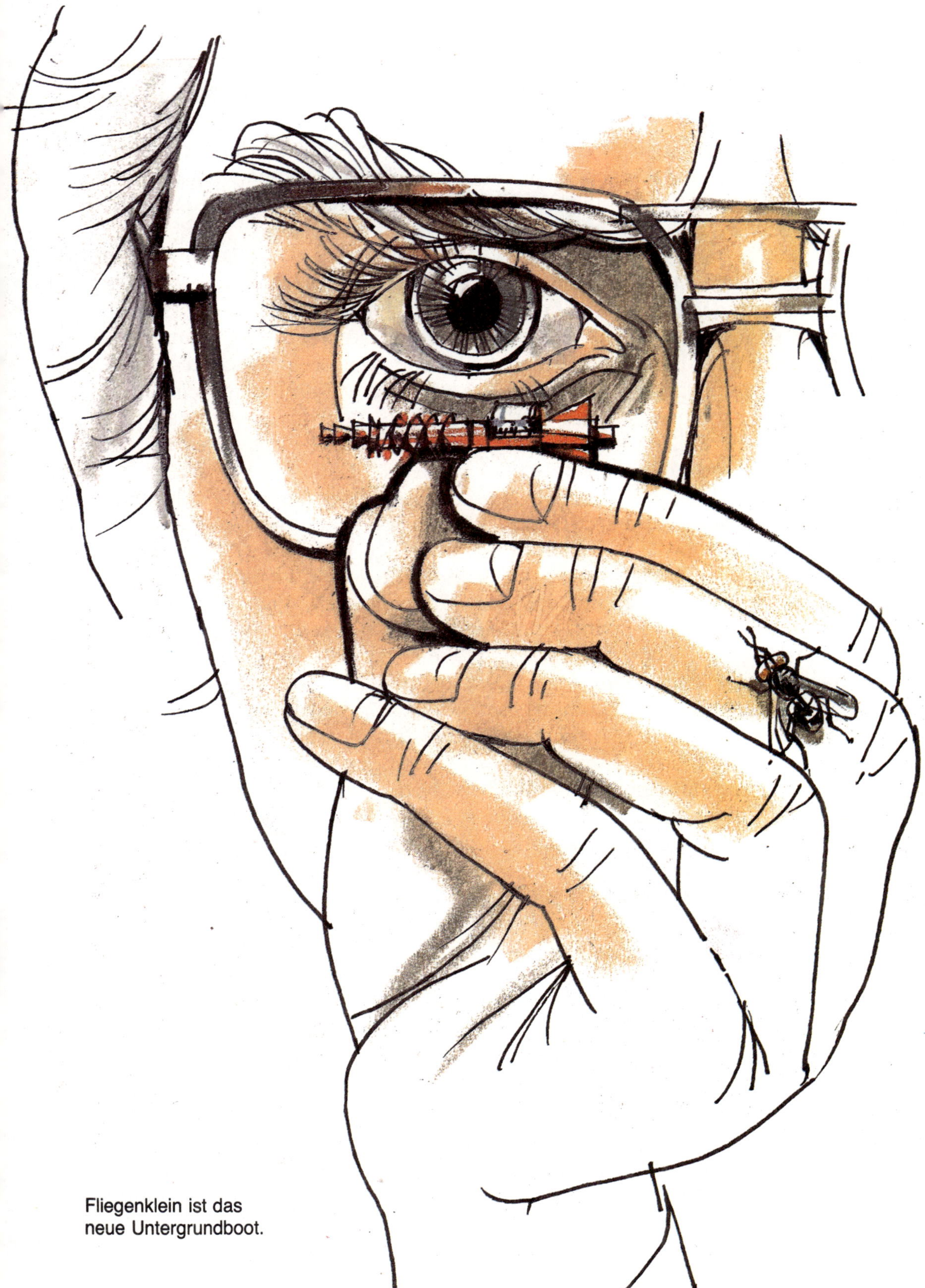

Fliegenklein ist das
neue Untergrundboot.

war nachts, da hörte er, daß seine Mühle Lärm machte. Er schlief, seine Mühlenräder machten immer klapp, klapp, klapp... da geschah das Unglück, die Räder setzten aus, die Mühle stand still. Jetzt wachte der Müller auf. Bei jedem Lärm konnte er schlafen, die Ruhe aber störte ihn. Und das war sein Glück. Er konnte das Räderwerk besichtigen, konnte den Schaden wiedergutmachen; die Mühle machte wieder klapp, klapp – und der Müller schlief ruhig wieder ein.

Kinder, mir fällt da etwas ein. Wir sprachen von meinem quietschenden Fahrrad, dann kamen wir zum Fahrstuhlführer, und jetzt sind wir in der Mühle. Nun mache ich einen großen Sprung in das Altertum. Die alten Griechen glaubten, daß die Gestirne bei ihrem Rundlauf Geräusche verursachen. Sie sprachen von einem Sphärengesang: Die Sterne singen. Wir hören es nur nicht, weil wir es immer hören. Wir sind so sehr daran gewöhnt, daß wir nichts mehr von einem Sphärengesang vernehmen. Aber hörte er einmal auf, dann würden wir merken, wie laut die Sterne sind.

Darum dichtete Goethe ja auch in seinem Faust:

Die Sonne tönt nach alter Weise
In Brudersphären Wettgesang,
Und ihre vorgeschriebene Reise
Vollendet sie mit Donnergang."

Traute fragte dazwischen:

„Singt die Sonne denn auch wirklich?"

„Ach nein, das ist eine alte Sage. Aber klug ausgedacht ist sie, wie ihr an meinem Fahrrad gemerkt habt. – Aber jetzt müssen wir absteigen. Wir sind am Garten."

Die drei stellten die Räder ab, gingen in die Laube, und der Doktor bereitete den Frühstückskaffee. Die Kinder wagten nichts zu sagen. Wird der Doktor jetzt seine Überraschung auspacken?

So geschah es. Der Doktor öffnete ein winziges Etui. In der Watte lag ein kleiner Gegenstand, so groß wie ein kurzer Nagel. Nanu, mehr nicht? Das kann doch nicht alles sein? Aber dann sahen die Kinder den „Nagel" unter der Lupe an. Die vordere Hälfte des „Nagels" war wie ein Bohrer gestaltet. Es war also eine Schraube. Jedoch konnte sich die Schraube drehen, der hintere Teil bewegte sich dabei nicht mit. In der Mitte und hinten hatte der „Nagel" Vorrichtungen, die wie Schiffsruder aussahen. Man konnte die Ruder so stellen, daß sie als Seiten- oder auch als Höhenruder wirkten. Der Doktor führte unter der Lupe mit einer Pinzette alle Stellungen vor. Dann hatte der „Nagel" auch eine Tür, die in das Innere führte. An beiden Seiten waren große Fenster angebracht. Schließlich hatte der „Nagel" auch zwei Scheinwerfer. Wenn man mit der Hand das kleine Gestell verdunkelte, konnte man deutlich die Scheinwerfer flimmern sehen.

„Doktor, wenn ich richtig rate, dann ist das ein Unterseeboot. Hurra! Wir machen wieder eine Unterwasserfahrt!"

„Nein, Dieter, es ist kein Unterseeboot, es ist ein Untergrundboot! Mit diesem Gestell wollen wir uns durch das Erdreich bohren. Ich habe es schon ausprobiert, es geht.

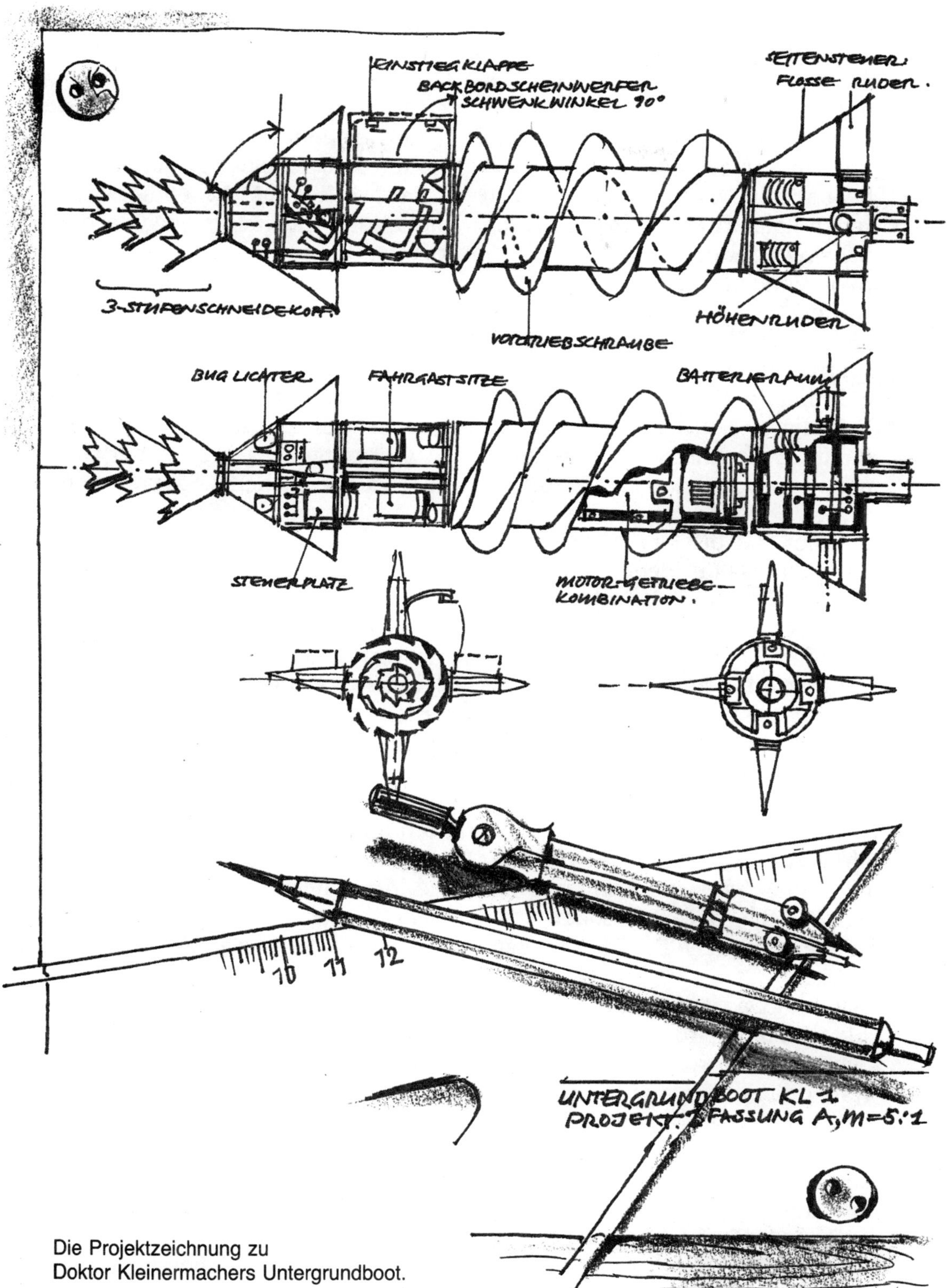

Die Projektzeichnung zu
Doktor Kleinermachers Untergrundboot.

Die vordere Hälfte bohrt sich durch den Sand und zieht das Fahrzeug mit sich. Wie im Wasser lenken wir das Fahrzeug mit Seiten- und Höhenrudern. Durch die Fenster hier können wir alles in der Unterwelt beobachten. Und damit wir auch sehen können, habe ich die beiden Scheinwerfer eingebaut."

„Wie leuchten denn die Scheinwerfer?"

„Ich habe Leuchtbakterien eingesperrt. Hinter den Bakterien ist ein gekrümmter Spiegel, und vor ihnen befindet sich die Linse. Damit die Bakterien leben und leuchten können, habe ich ihnen eine Nährflüssigkeit gegeben."

„Doktor, du bist ein großer Erfinder! Auf was für Ideen du kommst! Das ist einfach großartig!"

„Leider bin ich in diesem Fall kein Erfinder. Die Scheinwerfer hat ein anderer erfunden. Ich habe sie einem Original nur nachgebaut."

„Hat das viel Geld gekostet? Die Erfinder wollen doch eine Entschädigung haben."

„Nein, der Erfinder hat keinen Pfennig bekommen. Er weiß gar nicht, daß ich seine Erfindung benutze. Ich habe ihn sogar töten müssen, um seine Erfindung auszunutzen."

„Doktor! Das ist ja Mord!"

„Ja – es ging leider nicht anders."

„Das sagst du so ruhig?"

„Na, dann muß ich euch die Wahrheit bekennen. Der Erfinder dieser Leuchtbakterien-Scheinwerfer ist ein Tintenfisch. Ich mußte ihn genau untersuchen, und dabei ist er gestorben. Das tut mir jetzt noch leid. Der Tintenfisch hat nämlich so einen Scheinwerfer. Die Linse und den Spiegel bildet er aus eigenen Organen. Die Leuchtmasse aber kann er selbst nicht herstellen. So nimmt er fremde Lebewesen, sogenannte Leuchtbakterien, in seinen Scheinwerfer auf. Er ernährt die Bakterien, und dafür leuchten die kleinen Wesen. Der Tintenfisch lebt nämlich in der Tiefsee, und da unten ist es sehr dunkel. So sehr haben sich die Leuchtbakterien an den Tintenfisch gewöhnt, daß sie leuchten, wie und wann es der Tintenfisch will. Die kleinen Tintenfische bekommen gleich bei der Geburt einige Leuchtbakterien von der Mutter mit. Zwei Tierarten leben so in bester Gemeinschaft zusammen. Die Biologen nennen das Symbiose.

Wenn aber Gefahr droht, dann ist der Tintenfisch manchmal sehr undankbar. Wird er von einem Feind verfolgt, verspritzt er etwas Leuchtmasse. Der Verfolger wird verwirrt und schnappt nach den leuchtenden Streifen im Wasser.

So, und nun wollen wir unser Untergrundboot ausprobieren."

Die drei gingen in den Garten. Dicht an dem kleinen Abhang eines Beetes legte der Doktor sein winziges Erdboot nieder, und dann bekam jeder einen wohldosierten Schluck vom Wunderwasser abgefüllt. Prost, auf ein neues Abenteuer!

Die drei Menschen schrumpften so sehr zusammen, daß sie noch viel kleiner als Ameisen wurden. Wo ist denn das Untergrundboot? Richtig, da hinten liegt ja der silberne Zylinder, die Stahlröhre. Schon in Ameisengröße ist es nicht leicht, die Unebenheiten zu überwinden. Wie viel schwerer ist es, die Felslandschaft zu überklettern, wenn man noch kleiner als ein Floh ist. Es kostete viel Arbeit und viel Schweiß, aber dann standen die drei vor ihrem Untergrundboot. Der Doktor öffnete die Tür, verschloß sie wieder sorgfältig. Die beiden Kinder nahmen an den Fenstern Platz. Jetzt konnte es losgehen. Glückliche Reise!

Der Doktor bediente seine Maschine und stellte die große Schraube an. Wohl hatte er schon dafür gesorgt, daß das Fahrzeug etwas in das Erdreich hineinragte, aber offenbar faßte die Schraube nicht genug Erde, denn sie drehte sich, Sandstücke flogen umher, aber das Fahrzeug wollte einfach nicht vorwärtskommen. Endlich beobachteten die beiden Kinder am Fenster, wie sich das Untergrundboot fast unmerklich in Bewegung setzte. Je

Neugierig betastet eine „riesige" Ameise das unbekannte Gefährt. Die Antriebsschraube steckt schon zur Hälfte im Boden.

mehr das Boot in den Sand vorstieß, desto besser konnte die Schraube das Erdreich erfassen. Die Fenster kamen der Bodenoberfläche immer näher, und schließlich verschwand das Tageslicht. Das Untergrundboot war in der Unterwelt.

Langsam bohrte es sich durch das Erdreich. Da der Boden locker und voller Höhlen war, war es oft vor den Fenstern des Bootes sehr hell. Auch die Scheinwerfer arbeiteten gut. Oft aber verdunkelte die Erdmasse jede Aussicht. Manchmal stieß die Spitze des Bootes an einen Stein, die Schraube arbeitete wie verrückt, aber das Boot lag still. Dann bediente der Doktor das Steuer, und nach einigem Sträuben fuhr das Boot um den Stein herum oder drunter weg.

Die Fahrt unter der Erde empfanden die drei Abenteurer durchaus nicht wie eine Fahrt durch einen Tunnel. Manchmal gaben die Fenster einen schönen Ausblick, denn die Humuserde lag sehr locker, mit vielen Spalten und Höhlen. Langsam bohrte sich das Untergrundboot durch den Sand, und vieles konnten die Kinder im Lichte der Scheinwerfer sehen.

Manche Bodenspalte war mit Wasser gefüllt. Aber die Erde selbst war schon interessant genug. Humus ist ja ein Gemisch von so vielen Stoffen, daß man nicht wußte, wohin man die Augen wenden sollte. Hier lagen kleine Stücke von Insektenpanzern, dort kleine Holzstückchen und überall verwesende Pflanzenteilchen. Am schönsten aber sahen die Kristalle aus, die man mit den Riesenaugen sonst gar nicht beachtete. Die glänzenden Glimmerkristalle lagen in schönen Häufchen überall herum. Es waren kleine Blättchen. Heller, wenn auch klobiger, bauten sich die Kristalle des Feldspates auf. Am schönsten aber waren die Quarzkristalle. Allein die Kristalle machten die Fahrt unter der Erde schon zu einem Genuß.

Da gab es noch ganz andere Dinge. Herrlich sahen die zahlreichen Algen und Bodenpilze aus. So phantastisch sahen sie aus, daß Traute ganz begeistert war. Da gab es blaue, violette, grüne und rötliche Algen.

Und erst die Tiere im Boden! Wie kleine braune Unterseeboote schwimmen Kieselalgen durch die Pfützen der Unterwelt. Die winzigen Wesen haben einen Panzer aus Kiesel, der aber so zierlich gebaut ist und so prächtige Ornamente hat, daß Traute wieder mal in Verzükkung geriet.

„Die sehen aber schön aus, die kleinen Kieseltierchen. Nicht wahr, Doktor?"

Doch der Doktor mußte wieder verbessern, denn es sind keine Tiere, sondern Pflanzen, diese kleinen einzelligen Kieselalgen. Ihre Formen sind so fein, daß die Hersteller von Mikroskopen ihre optischen Instrumente an den Kieselalgen prüfen. Die Kieselalgen finden aber noch eine viel bedeutsamere Verwendung. Das von Alfred Nobel, dem Stifter der Nobelpreise, hergestellte Nitroglyzerin fand wegen seiner Empfindlichkeit und Gefährlichkeit beim Transport und Gebrauch zunächst kaum Verwendung. Bei seinem Bemühen, diesem Übelstand abzuhelfen, entdeckte Nobel in den Panzern abgestorbener Kieselalgen ein geeignetes Mittel. Die feinen Poren dieser Panzen saugen das Sprengöl begierig auf. Nobel tränkte sie bis zur Sättigung mit Nitroglyzerin und erhielt eine knetbare Masse, das Dynamit.

Die Verwendung zur Herstellung des Dynamits sieht man den kleinen Algen gar nicht an. Die schwimmen umher, tun keinem Tier etwas zuleide und ernähren sich ungefähr so wie die anderen Pflanzen.

Komisch wird es, wenn die Kieselalgen sich fortpflanzen. Dann lösen sich die beiden Hälften der länglichen Kieselschachtel voneinander, und jede Schachtelhälfte wächst zu einem neuen Wesen heran.

Aber da krauchen und schwimmen noch mehr merkwürdige Tiere durch den Erdboden. Ein kleines Ding strudelt durch das Wasser. Oben trägt das Tierlein einen Kranz von Wimpernhärchen, und die Wimpern werden so eigenartig fortlaufend bewegt, daß es aussieht, als ob das kleine Geschöpf ein Rad drehe. So heißt es denn auch Rädertierchen. Der Körper ist klar und durchsichtig und läßt alle inneren Organe erkennen. Wie ein Fernrohr kann das Rädertierchen seinen Körper ausziehen und zusammendrücken. Es gibt schon merkwürdige Wesen in der kleinen Welt.

Da beobachtete das Rädertierchen ein kleines Urtierchen in der unterirdischen Wasserpfütze. Wie ein Raubtier stürzte sich das Rädertierchen über das arme Urtierchen her, zerfleischte das zappelnde Geschöpf mit seinen harten Kiefern und drückte die Nahrung im Körper hinab. Da das Rädertierchen aus Glas zu sein schien, konnte man alle inneren Vorgänge beobachten. Wenn auch wir durchsichtig wären, wie leicht könnten dann die Ärzte alle Krankheiten feststellen.

„Also auch hier unten gibt es Mord und Totschlag", meinte Dieter. „Wenn ein durchsichtiges Raubtier, so groß wie ein Elefant, eine Schildkröte verschlingen würde, alle Abenteuerbücher wären voll davon. Solche Wildwestabenteuer spielen sich täglich zu Tausenden im Erdboden ab. Was ist doch dein Garten für ein Schauplatz voller Leben und Ereignisse."

Zum Bild auf den nächsten Seiten:
Im Scheinwerferlicht liegen Kieselalgen neben einzelligen Grünalgen, vielgestaltige Kristalle wurden sichtbar, Pilzgeflechte durchziehen den humusreichen Boden in Doktor Kleinermachers Gemüsebeet. Die obere Steuerflosse durchschneidet eine Kieselalgengruppe an einem Stein. Keimende Pflanzen stecken (links) ihre Saugwurzeln in die Wassersporen im Boden, in denen Urtierchen schwimmen: ein ungeahnter Formen- und Farbenreichtum wird sichtbar.

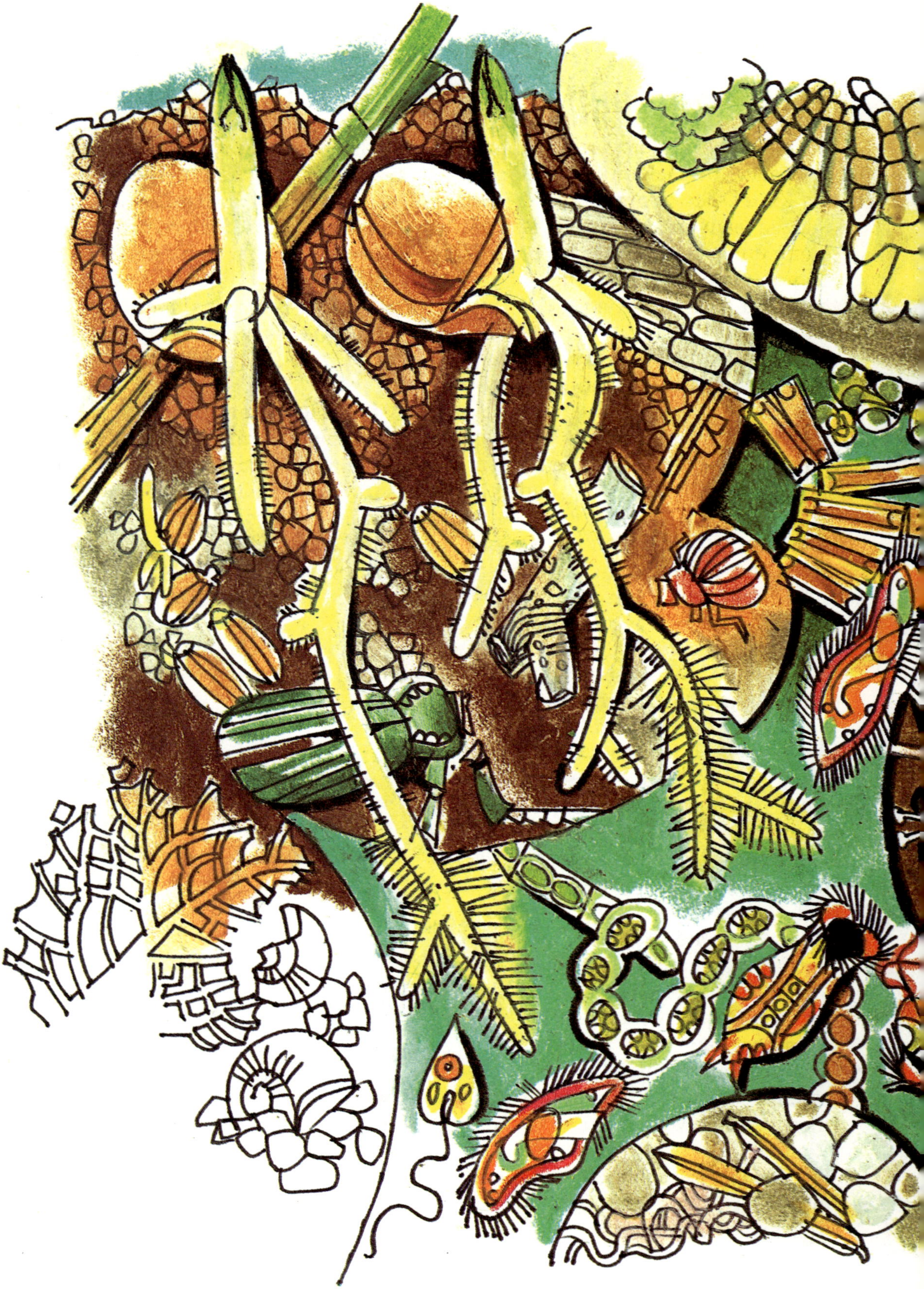

Aber der Doktor erzählte noch soviel mehr von den Rädertierchen, daß den Kindern die Sprache wegblieb.

„Dieser mikroskopisch kleine Räuber, der übrigens aus mehreren Zellen aufgebaut und komplizierter organisiert ist als kleine Einzeller, hat den Wissenschaftlern viel Kopfschmerzen gemacht. Die Gelehrten wollen die Tiere alle in einem großen Kartothekschrank unterbringen. Jedes Tier soll sein Etikett erhalten. Der Löwe zum Beispiel gehört zur Familie der Katzen, die Katzen zählen zu den Raubtieren, die Raubtiere zu den Säugetieren und die Säugetiere zu den Wirbeltieren.

Aber wohin gehört das Rädertierchen? Anfangs glaubte man, es gehöre zu den Einzellern. Stimmte aber nicht, das Rädertierchen ist selbst aus vielen Zellen aufgebaut. Dann stellte man das Rädertierchen zu den Insekten, später zu den Krebsen, und jetzt steht es bei den Würmern. Wie ein Wurm sieht das Rädertierchen gerade nicht aus. Aber das sind Gelehrtensorgen, da wollen wir nicht mitsprechen.

Übrigens sind viele Tiere noch nicht endgültig im großen Kartothekschrank untergebracht. Da leben im Meer die eigenartigen Manteltiere. Sie bewegen sich kaum, sehen den Korallen etwas ähnlich, und doch stehen sie im Kartothekschrank dicht bei den hochorganisierten Wirbeltieren. Aber noch nicht endgültig; die Gelehrten werfen die Manteltiere von einem Fach zum andern. Jetzt sind sie bald alle Fächer durch.

Ein anderes Beispiel: Der alte Vater Linné – wir sprachen schon von ihm – stellte die Menschen, Affen, Halbaffen und die Fledermäuse zusammen. Eine nette Verwandtschaft. Die Fledermäuse rutschten bald abwärts bis in die Nähe der Insektenfresser, das heißt in die Nähe der Igel und Spitzmäuse. Die Halbaffen rutschten den Fledermäusen nach.

Aber nun zurück zum Rädertierchen, dem durchsichtigen kleinen Räuber. Alle Tiere, die ihr seht, sind Weibchen. Lange konnte man kein Männchen finden, und man glaubte schon, die Welt der Rädertierchen müsse ohne Männer auskommen. Dann entdeckte man sehr winzige Männlein, viel kleiner als ihre Riesendamen. Die armen Wichte können sich nicht ernähren, hungern in der kurzen Zeit ihres Lebens und sterben sehr schnell ab. Ein trauriges Männerschicksal in der Rädertierchenwelt.

Die Gelehrten haben manchmal merkwürdigen Humor. Sie sprechen nämlich in diesem Falle von Hilfsmännchen. Ist das nicht ein Jammer?"

Traute hätte sicher wieder jubiliert und ihren Freund Dieter verulkt, wenn die eigenartigen Erscheinungen im Untergrundboot sie nicht ganz gefangengenommen hätten. Was gab es doch hier unten alles zu sehen!

Borsten- und Fadenwürmer, beinahe so fein und durchsichtig wie die Rädertierchen, schlängelten sich durch das Felsengeklüft und ernährten sich wie Regenwürmer. Da krabbelten kleine Bärtierchen

durch das Geröll. Wie bei einem kurzen Wurm war der Körper gestaltet, aber das Tierlein hatte sechs Beinstummel, und jeder Stummel trug kleine Haken.
Die kleine Welt ist so mannigfaltig und reich, viel phantastischer als die Welt der großen Tiere über dem Boden. Da haben die Gelehrten viel zu tun, wenn sie alle diese merkwürdigen Tiere ordnen und sammeln wollen! Jedes Tierlein soll einen Namen und ein Etikett bekommen.
Bums! Da stieß doch das Untergrundboot an irgend etwas Festes. Der Doktor stellte die Maschine ab. Haben wir einen Regenwurm gerammt? Das täte dem Doktor leid, denn die Regenwürmer sind besonders nützliche Tiere. Vorsichtig steuerte der Doktor seitwärts, und jetzt beleuchtete er eine helle Wand vor dem Fenster des Untergrundbootes.
Es scheint kein Tier zu sein, es bewegt sich nicht.
Der Doktor fand die Lösung. Das Untergrundboot der Abenteurer lag vor einer Wurzel still. So sieht also eine Wurzel aus. Hier saugt sie das Wasser aus der Erde und führt die Flüssigkeit zu den Blättern nach oben. Die Flüssigkeit enthält die wichtigen Nährsalze. Das Wasser verdunstet in den Blättern, und die Nährsalze bleiben in der Pflanze.
Der Doktor wollte den Kindern eine Geschichte erzählen:
„Immer wenn ich Wurzeln sehe, dann fällt mir eine merkwürdige Sache ein. Eine Pflanze braucht viele Stoffe zum Aufbau, unter anderem auch Stickstoff und Kohlenstoff. Bekommt keine Angst, die Sache fängt sehr schwer an. Ich hoffe aber, ihr könnt sie beide verstehen. Stickstoff befindet sich in rauhen Mengen in der Luft. Ihr habt ja in der Schule gelernt, daß unsere Luft aus Sauerstoff und Stickstoff besteht. Und Stickstoff ist sehr viel in der Luft, weit mehr als Sauerstoff. In der Erde lagert nur sehr wenig Stickstoff, in winzigen Proben. Eigenwillig, wie die Pflanze ist, verschmäht sie die großen Mengen des Stickstoffes in der Luft und sucht mühsam die winzigen Reste in der Erde. Habt ihr das verstanden? Dann werdet ihr das andere auch verstehen. In der Erde lagert viel Kohlenstoff. Der Humusboden ist schwarz und dunkel von dem vielen Kohlenstoff. In der Luft aber befinden sich nur wenige Reste. Den Kohlenstoff im Boden verschmäht die Pflanze, aber aus der Luft holt sich die Pflanze die winzigen Reste. Ist die Pflanze nicht seltsam?
Wir machen es anders. Unsere Kohlenvorräte holen wir aus der Erde, und den Stickstoff gewinnen wir aus der Luft. In großen Fabriken wird mit gigantischen Maschinen gasförmiger Stickstoff zu Stickstoffsalzen verarbeitet. Mit viel Aufwand und Kraft wird die Sache bei uns Menschen gemacht.
Nun seht euch mal die dicken Knollen an der Wurzel an. In ihnen sitzen winzige Bakterien. Die machen dasselbe, was wir Menschen mit den großen Maschinen und der vielen Elektrizität machen. Diese Bakterien aber verarbeiten den Stickstoff der Luft zu Salzen ohne Elek-

trizität und ohne Maschinen, ganz still und heimlich. Da die Pflanze nicht immer genug Stickstoff im Boden findet, nimmt sie die Salze der Bakterien. Zwei Pflanzen haben hier Freundschaft geschlossen und arbeiten füreinander. Das Kunststück der chemischen Fabrikation des Stickstoffes bekommen nämlich nur bestimmte Bakterien fertig. Die großen Pflanzen sind auf diese Bakterien angewiesen. Überhaupt besteht ein inniges Freundschaftsverhältnis zwischen Pflanzen, Bakterien und Pilzen unter der Erde. Jede Pflanze, besonders die Bäume, arbeitet mit den Pilzen zusammen. Viele Bäume können oh-

An einer Erbsenwurzel entdeckt Doktor Kleinermacher die unterirdischen Stickstoff-Fabriken. Rechts im Bild ist ein Bakterienknöllchen angeschnitten. Die eindringenden Bakterien färben die inneren Zellen rot; hier wird wichtiger Nährstoff für die Pflanze bereitet.

ne Pilze gar nicht gedeihen. Darum ist es dumm, die vielen Pilze im Walde mutwillig zu zerstören.
Hallo, Kinder, mir ist so merkwürdig zumute; wenn ich mich nicht täusche, ist unsere Zeit abgelaufen."
Der Doktor steuerte sein Untergrundboot an der Wurzel vorbei, bediente das Höhensteuer und ließ das Fahrzeug nach oben fahren.
Was soll das bedeuten? Deutlich merken die drei Abenteurer, daß der Bohrer im vorderen Ende des Untergrundbootes sich dreht, aber das Fahrzeug bleibt stehen!
Der Doktor erklärte: „Sicherlich ist das Fahrzeug gegen einen Stein gestoßen. Eigenartig ist es aber, daß ich das Untergrundboot auch nicht mehr steuern kann. Was kann da passiert sein? In dem Fahrzeug können wir auf keinen Fall bleiben. Wenn uns hier drin das Größerwerden überrascht, dann ist es um uns geschehen. Also raus!"
Der Doktor öffnete die Tür. Sie konnten aussteigen, denn vor ihnen lag eine trockene Bodenspalte. Die drei gingen die Bodenspalte entlang. Als aber das Scheinwerferlicht des Untergrundbootes kümmerlicher wurde, hielten sie in ihrer Wanderung inne.
„Was soll aus uns werden?" „Warum versagte eigentlich das Untergrundboot?" „Ob wir nochmals die Fahrt nach oben versuchen?"
Der Doktor wollte sich entschließen, umzukehren, da setzte das ein, was er befürchtete. Das Wachstum der Zwerge begann. Das kann ja schön werden! Schon füllten die Körper die Bodenspalte aus, schon drückten die Köpfe gegen die Dekke. Aber die Decke war dünn, sie wurde mühelos durchbrochen, und die drei Abenteurer wuchsen in das Tageslicht hinein.
Als sie ihre volle Größe erreicht hatten, wollten sie sofort ihr Untergrundboot suchen, um zu erfahren, warum denn der Mechanismus aussetzte. Der Doktor bewaffnete sich mit einer Lupe und untersuchte den Erdboden. Er brauchte nicht lange zu suchen. Deutlich erkannte er unter der Lupe, daß der Bohrer des Untergrundbootes schräg nach oben aus dem Erdreich herausragte. Nur Tür, Fenster und Scheinwerfer waren noch vom Sand bedeckt. Die drei waren also dicht unter dem Erdboden ausgestiegen. Darum konnten sie auch so mühelos wachsen.
Jetzt war dem Doktor alles klar. Er war zu steil nach oben gefahren. Der Bohrer griff über das Erdreich hinaus und konnte keinen Halt mehr finden. Deshalb blieb das Untergrundboot stecken. Er hätte in sanfter Neigung nach oben fahren sollen. Der Doktor hatte als Steuermann versagt. Wie eine Schiffsschraube, die aus dem Wasser ragt, das Schiff nicht mehr vorwärts treibt, so konnte auch der Bohrer in der Luft das Untergrundboot nicht mehr bewegen.
Aber nun war alles gut. Man hatte wieder dazugelernt. Das nächste Mal wird es besser gehen. Der Doktor schämte sich etwas vor den Kindern und wollte ablenken. Am Boden entdeckte er eine Lupine, die frisch und saftig aus dem Boden herauswuchs. Diese Pflanze zog er

mit den Wurzeln aus dem Erdreich. „Kinder, schaut mal her! Auch mit bloßem Auge kann man die Bakterienknöllchen an den Wurzeln sehen. Es ist noch nicht einmal eine Lupe notwendig. Weil die Stickstoffbakterien so zahlreich an den Lupinenwurzeln wachsen, pflanzen ja Bauern und Siedler Lupinen auf ihren Feldern an. Sie pflügen sie dann später unter, und der Boden ist frisch gedüngt. Man nennt so etwas Gründüngung."

„Doktor, wie hat man denn früher gedüngt?"

„Die ersten Ackerbauern pflanzten ein Feld an, und wenn der Boden ausgelaugt war, dann bestellte man ein anderes Feld, Land war ja genug da! Dann aber kam man zur Drei-Felder-Wirtschaft. Zwei Felder wurden bepflanzt, und ein Feld blieb brach liegen, damit es sich erholen konnte. So trieb man das lange, bis der Herr Thaer kam. Kennt ihr Thaer? Das war ein großer Landwirt und Bodenspezialist. Er lebte im Dorfe Möglin in der Nähe Berlins. Thaer kam dahinter, daß die verschiedenen Pflanzen den Boden verschiedenartig ausnutzten. Wenn in einem Jahr Erbsen gedeihen und im nächsten Jahr der Boden für Erbsen nicht mehr gut ist, dann ist er noch gut genug für Kartoffeln. Man nennt das System von Thaer Fruchtwechsel. Thaer löste die Drei-Felder-Wirtschaft auf, es begann die Fruchtfolge.

Dann kam ein anderer Deutscher, Justus Liebig. Er erforschte, wie sich die Pflanzen ernähren. Und er stellte fest, daß man den Pflanzen statt Mist auch bestimmte Salze geben kann. Zum Beispiel das Stickstoffsalz, von dem ich euch vorhin erzählt habe.

Aber es gibt noch andere wichtige Salze, die die Pflanzen zum Leben brauchen: In Bergwerken wird das Kali gewonnen und auch der Phosphordünger. All diese Dünger kann man heute den Feldern zusätzlich zum Stallmist geben. Und dadurch sind die Erträge gegenüber früher sehr gestiegen."

„Doktor, sage mal, warum sind wir im Untergrundboot eigentlich steckengeblieben?"

„Ach, Kinder, wir wollen erst mal Mittagbrot essen. Ihr habt doch sicherlich Hunger? Na, ich will es euch doch sagen. Ich habe verkehrt gesteuert, euer Steuermann hat nichts getaugt."

Dieter lächelte dazu, denn er hatte es schon längst gemerkt.

Im Fahrstuhlbohrer durch die Pflanze

Der Doktor ist ein leidenschaftlicher Erfinder. Immer wieder denkt er über neue Maschinen nach, um sich mit ihrer Hilfe die Welt des Kleinen zu erobern. Neulich war der Doktor mit den Kindern in der Erde, jetzt wollte er mit ihnen im Stengel einer Pflanze emporsteigen. Es wird immer wundersamer mit dem Doktor. Wie er das nur wieder fertigbringen wird?

Zum Sonntag waren sie eingeladen, mit dem Doktor den Garten aufzusuchen. Natürlich benutzten sie wieder ihre Fahrräder, und es dauerte nicht lange, bis sie wieder ein Gespräch führten.

„Doktor, kann man die Lupinen nicht essen? Es ist doch schade, daß man das große Feld umpflügt, wenn die Pflanzen in der Blüte stehen?"

„Das wäre eine schöne Sache, wenn man die Lupinen essen könnte. Die Lupinen enthalten nämlich soviel gute Nährstoffe wie kaum eine andere Pflanze."

„Und warum ißt man sie nicht?"

„Die Sache hat einen Haken. Die Lupinen sind bitter. Die Pflanzen enthalten einen Bitterstoff, und der bekommt uns nicht."

„Warum haben Lupinen den dummen Bitterstoff?"

„Die Kinder müssen immer nach dem Warum fragen. Aber laßt nur, das ist gut so, die Gelehrten fragen auch immer nach dem Warum! Ich will euch die Antwort geben: Die Lupinen sind darum so bitter, damit die Hasen nicht kommen und die Lupinen alle abfressen."

„Gab es denn einmal süße Lupinen?"

„Ja, die gab es, und die haben die Hasen alle abgefressen. Paßt mal auf, die Sache war so: Früher waren alle Lupinen süß. Die Hasen kamen und fraßen das grüne Zeug ratzekahl ab. Aber ein paar Lupinen, die nicht ganz so süß waren, die ließen die Leckermäuler stehen. Nur die weniger süßen Lupinen konnten sich also weiterverbreiten. Als die Hasen merkten, daß keine süßen Lupinen mehr da waren, machten sie sich über die weniger süßen her, bis auch die aufgefressen waren. Aber wieder waren ein paar Lupinen darunter, die waren ein ganz klein wenig bitter. Die blieben stehen. Und das ging so weiter mit dem Hasenfraß, bis nur die ganz bitteren Lupinen übrigblieben."

„Wenn die bösen Hasen nicht wären, gäbe es heute noch süße Lupinen."

„Laßt nur, Kinder, es gibt heute noch Hasen, die den umgekehrten Weg gehen."

„Da bin ich aber neugierig, Doktor! Wo leben denn diese Hasen, die alle bitteren Lupinen wegfressen und die süßen übriglassen?"

„Diese Hasen sind die Pflanzenzüchter."

„Das ist aber komisch! Ich habe noch keinen Menschen gesehen, der sich über ein Lupinenfeld herstürzte und Lupinen kaute."

„Nein, so machen das die Züchter auch nicht. Die Forscher arbeiten still und unbeobachtet in ihren Laboratorien. Früher versuchten die Professoren süße Lupinen zu züchten und kosteten immer wieder, ohne recht vorwärtszukommen. Dabei kann man sich aber zu Tode kosten und sich mit Bitterstoff vergiften. Man kostet heute nicht mehr, man stellt die Bitterstoffe ganz anders fest. Aber das kann ich euch nicht erzählen, das ist zu kompliziert. Jetzt hat man jedoch endlich süße Lupinen gefunden. Die Sache ging so: Von allen bitteren Lupinen suchte man ein paar aus, die weniger bitter waren. Von diesen säte man die Samen aus, und dann suchte man wieder ein paar Lupinen aus, die zufällig noch weniger bitter waren. Das setzte man so lange fort, bis man die süßen Lupinen aussortiert hatte. Stellt euch das nicht so einfach vor. Es sind immer nur sehr wenig Lupinen, die weniger Bitterstoff enthalten. Aber mit viel Geduld und Ausdauer fand man doch den richtigen Weg, den umgekehrten, den die Hasen gingen. Ich kann euch sagen, Kinder, die Gelehrten arbeiten mit einer Ausdauer und mit einem Scharfsinn, da kommt ein Detektivroman gar nicht mit. So hat Doktor v. Sengbusch 1½ Millionen Lupinen untersucht und dabei nur 5 süße Lupinen gefunden."

Hoppla! Beinahe wäre der Doktor in seiner Begeisterung für die Wissenschaft gegen einen Baum gefahren. Was die Bäume für Anziehungskraft auf die Fahrräder haben, ist einfach erstaunlich.

Bald war der Garten erreicht. Die drei nahmen in der Laube ihr Frühstück ein, und dann konnte die neue Abenteuerfahrt beginnen. Wie wollte der Doktor nur in die Pflanze hineinkommen? Hatte er in dem Pflanzenstengel einen winzigen Fahrstuhl angelegt? Nun, der Doktor wird schon etwas gefunden haben. Hat er denn schon jemals eine Aufgabe nicht lösen können?

Mitten vor den Beeten machten die drei halt. Der Doktor gab jedem das richtige Quantum zu trinken. Vorher hatte er ein paar Kleinigkeiten auf die Erde gelegt, dicht an einen Pflanzenstengel. Was ist denn das? Die kleine Pflanze wurde immer größer. Jetzt wurde sie genauso groß wie die drei. Nun wuchs sie sogar weit über die Menschen hinaus. Wollte denn das Wachstum gar kein Ende nehmen?

Aber es schien den beiden Kindern nur so. In Wirklichkeit waren sie es, die zusammenschrumpften, und zwar so sehr, daß die kleinen Pflanzen ihnen bald größer vorkamen als die größten Bäume. Schließlich konnten sie mit ihren Augen gar nicht mehr die ganze Pflanze erfassen. Vor ihnen stand eine dicke, hohe Säule, die sich irgendwo am Himmel verlor. So klein waren die drei Abenteurer geworden. Und wie uneben war die Erde! Wie sollte man nur durch das Felsengebirge zur Pflanze gelangen?

Aber daran hatte der Doktor schon gedacht. Nicht weit von ihnen lag ein dünner Grashalm, der alle Schluchten und Felsenklüfte wie

eine grün angestrichene Autobahn überbrückte. Rasch erkletterten die drei die Grasautobahn und gingen auf ihr spazieren, immer der unheimlich riesigen grünen Pflanzensäule zu.
Wenn man die Grashalm-Autobahn genauer betrachtete, dann konnte man sehen, daß sie mit lauter kleinen unregelmäßigen Pflastersteinchen dicht bepflastert war. Die Pflastersteinchen waren durchsichtig. Unter ihnen konnte man noch kleinere runde Pflastersteinchen erkennen, und in denen wieder waren grüne Pünktchen zu sehen. War das eine wunderliche Autobahn, wie im Märchenland. Der Doktor erklärte den Kindern, daß die Pflastersteine, die durchsichtigen und die grünen darunter, alles Zellen seien, aus denen sich jede Pflanze aufbaue.
Lang war der Weg auf der Autobahn. Endlich kamen die drei Abenteurer dem Pflanzenstengel näher, der den Kindern wie eine mächtige Säule erschien. Und was steckt denn da in der Säule? Ja, der Doktor hatte heimlich Vorbereitungen getroffen. Er hatte ein Fahrzeug erfunden, das er einen „Fahrstuhlbohrer" nannte. Das Fahrzeug sah ungefähr so aus wie das Untergrundboot von der Fahrt unter der Erde. Nur war der Fahrstuhlbohrer viel kleiner und so eingerichtet, daß er sich nach oben in die Pflanze bohren konnte. Dementsprechend waren auch das Fenster und die Tür eingerichtet. Der Fahrstuhlbohrer war so tief in die große Säule hineingedrückt, daß nur noch das Hinterteil mit der Tür herausragte. Von der Tür hing eine kleine Strickleiter herab.
Die Kinder sahen die ganze Vorrichtung und waren begeistert. „Immer wieder erfindet der Doktor Kleinermacher neue Fahrzeuge, und immer wieder überrascht er uns!"
Die drei Abenteurer kletterten die Strickleiter empor, dann zog der Doktor die Strickleiter ein und verschloß sorgfältig die Tür. Die Fahrt konnte beginnen. Ganz aufgeregt waren die Kinder. Der Doktor ließ den Mechanismus laufen. Langsam drehte sich das Gewinde, und das Fahrzeug bohrte sich in die Pflanze hinein, immer empor.
Die Kinder standen am Fenster und betrachteten voller Erstaunen das Innere der Pflanze. Aus vielen langgestreckten Säulen war das Gewächs aufgebaut. Säule drängte sich an Säule, dicht beieinander standen sie. Wenn eine Säule endete, stand auf ihr eine neue. Eng und schmal waren die Gebilde, innen hohl und mit Wasser gefüllt. Manche Säulen hatten Boden und Dekke, die waren so porös wie Siebe, die Kinder konnten es gerade noch erkennen. Manche Säule war dikker und hatte eigenartig verzierte Wände. Manche aber waren nicht nur dick, sondern auch kurz. Der Doktor sagte, das seien die Markzellen. Die Markzellen waren so luftig und zart, daß der Doktor fürchtete, mit seinem Fahrstuhlbohrer steckenzubleiben. Darum steuerte er immer mehr den engen Säulen zu und flüchtete mit seinem Fahrstuhl, wenn er dem Bereich der Markzellen zu nahe kam.

Die engen Säulen aber waren voller Wasser, und da beim Emporfahren viele Säulen angerissen und zerstört wurden, tropften und flossen Wasser und Zellschleim um den Fahrstuhlbohrer herum, so daß er ganz naß wurde. Auch die Fensterscheiben waren immer mit Wasser und Schleim benetzt.

Der Doktor erklärte, daß das Wasser, das die Wurzeln im Erdreich aufsogen, durch die Säulen nach oben steige, bis zu den Blättern hin. So eine Pflanze sei eine ständig arbeitende Wasserleitung.

Traute wollte wissen, wo denn das Wasser oben in den Blättern bliebe. „Das, Traute, zeige ich dir gleich, wenn wir oben in den Blättern sind", sagte der Doktor.

Die Kinder konnten sich nicht satt sehen an den Wasserleitungsröhren im Pflanzenstengel. Sie liegen so unübersehbar dicht nebeneinander, daß man gar nicht weiß, was die Pflanze mit all dem Wasser will. So hohe Wassertürme hat noch kein Mensch gebaut. Wenn die Menschen Türme bauen, dann müssen sie immer sehr dick sein. Die Pflanze macht aber alles viel feiner, viel schlanker, viel eleganter. Und dabei ist alles so elastisch, daß der Wind den Wasserturm bis zur Erde biegen kann. Wenn der Windstoß vorüber ist, richtet sich der Turm wieder auf. Ja, man kann sogar auf die Pflanze treten, immer wieder richtet sie sich fast unbeschädigt empor. Man sollte vor den Pflanzen wirklich den Hut abnehmen.

Schon lange fuhren die drei mit ihrem Fahrstuhlbohrer empor. Die Kinder standen an den Fenstern und schauten sich die Pracht an. Da glaubte der Doktor eine Abzweigung im Stiel zu erkennen. Ein Teil der langen, engen Säulen bog sich sanft zur Seite. Sicherlich führte von hier aus ein Weg zu einem Blatt. Wenn wir das Blatt erreichen wollen, dann dürfen wir nicht mehr senkrecht emporfahren, sondern müssen unseren Fahrstuhlbohrer schräg abbiegen lasen. Hoffentlich bohren wir uns dabei nicht aus dem Stengel hinaus. Der Doktor stellte die Steuerung ein, und der Fahrstuhlbohrer legte sich etwas auf die Seite. „Achtung!" Der Doktor forderte die Kinder zum Festhalten auf, denn auch der Boden des Raumes im Fahrzeug stellte sich schräg ein. Die Kinder konnten kaum das Gleichgewicht halten, aber immerzu schauten sie durch das Fenster.

Der winzige Erdfloh wird zum Riesentier. Eine gewaltige grüne Säule (es ist der Stengel einer kleinen Fingerhutpflanze) steigt in endlose Höhen ...
An einem Blattansatz steckt der Fahrstuhlbohrer bereit.

Obgleich die Wasserleitungen der Pflanze nahezu gleichförmig aussahen, wollten sie sich den Anblick des Schauspiels nicht entgehen lassen. Wer weiß, vielleicht kommt man nie wieder im Leben dazu, sich eine Pflanze von innen anzusehen.
Immer weiter ging die Fahrt. Doch jetzt schien eine Störung im Getriebe eingetreten zu sein. Der Doktor war mit seinem Fahrstuhlbohrer wahrscheinlich der Rinde zu nahe gekommen, der Bohrer verschmierte sich in den Flüssigkeiten, und plötzlich stand das Fahrzeug still. So dicht hatten sie sich der Oberfläche des Blattstieles genähert, daß das Sonnenlicht hell durchbrach.
Aber die Abenteurer waren nicht gefangen. Bequem konnten sie aussteigen und durch einen Spalt nach außen klettern.
Tief unter ihnen lag die Erde, man konnte sie kaum erkennen. Oben in den Lüften konnten sie Blattflächen sehen, aber die Entfernungen waren so groß, daß sie mit ihren kleinen Augen die ganze Pflanze nicht zu überblicken vermochten. Nur einzelne große Flächen konnten sie in weiter Entfernung erkennen, aber bei weitem nicht alle Blätter. „Schaut einmal hier", rief der Doktor plötzlich. Er hatte nach hinten geblickt, und die Kinder schauten sich jetzt gleichfalls um. Welch ein Glück! Dicht am Ansatz eines Blattes hatte ihr Fahrstuhlbohrer versagt. Jetzt konnten die drei Abenteurer das Blatt beschreiten, das wie eine ungeheure grüne Fläche vor ihnen lag. Glatt war die Fläche nicht, denn kleine Gebirgszüge zogen sich in Verästelungen über das Blatt hin. Es waren die Adern des Blattes, die Wasserleitungen, die Wasser und gelöste Nährstoffe überallhin weiterleiteten.
Der Wind hob und senkte das Blatt, und die Kinder wären hinabgestürzt, wenn nicht zahlreiche kleine Säulen auf der Fläche gestanden hätten. Die kleinen Säulen waren die Blatthärchen. Aber immer noch waren die Blatthärchen zu klein, um sicheren Schutz zu bieten. Zu sehr schwankte das Blatt im Winde. „Kinder", sagte der Doktor, „wir müssen vorsichtig sein, bleibt hier, ich hole Hilfe!"
Die Kinder hielten sich an den Blatthärchen fest und der Doktor ging vorsichtig zurück, um wieder zum Spalt in der Rinde und zu seinem Fahrstuhlbohrer zu gelangen. Bald kam der Doktor wieder. Aus dem Fahrstuhlbohrer hatte er sich eine Flasche mit Wunderwasser geholt. Die drei Abenteurer sollten noch kleiner werden, so klein, daß sie zwischen den Härchen auf dem Blatt wie in einem Säulenwalde spazierengehen konnten.
Die Flasche wurde ausgetrunken, und dann schrumpften die drei noch mehr zusammen und wurden so klein, daß der Wind über sie hinwegfuhr und sie sicher im Säulenwalde spazierengehen konnten. Zwar merkten sie deutlich, wie das Blatt sich immer noch im Winde hob und senkte, aber sie hatten sich daran gewöhnt wie an eine stürmische Seefahrt.
So krabbelten denn die noch kleiner gewordenen Zwerge auf dem

Blatt herum. Für ihre Augen war die Blattfläche mit großen unregelmäßigen Pflastersteinen besetzt, die durchsichtig wie Glas waren. Zwischen ihnen war keine Lücke zu bemerken, so eng lagen die Ränder aneinander. Aber unter den durchsichtigen Pflastersteinchen schimmerten runde Pflastersteine, die dicht mit grünen Punkten besetzt waren.

Der Doktor erklärte: „So sieht ein Blatt aus der Nähe aus. Ist das nicht wunderbar? Kann es in einem Märchen schöner zugehen? Die durchsichtige Schicht besteht aus Zellen, ihr seht diese Zellen hier als Pflastersteine, die das Blatt schützen. Darunter liegen die Zellen mit den grünen Farbkörperchen. Chlorophyll sagen die Botaniker dazu. Die grünen Klumpen sind die chemische Fabrik der Pflanze. Jedes Blatt hat Millionen von diesen Kügelchen. Ich muß euch wohl etwas näher erklären, was in diesen Kügelchen passiert.

Wißt ihr, wenn wir Menschen Hunger haben, dann essen wir Brot und Käse, Eier und Gemüse, Salat und Fleisch. Die Tiere machen das genauso. Die einen leben von Pflanzen, zum Beispiel die Kühe und die Ziegen, die anderen fangen sich Tiere und essen ihr Fleisch, zum Beispiel die Löwen, Eisbären und Haie, aber auch manche Käfer und Wespen, von denen ihr ja schon einige kennengelernt habt.

Nun müssen ja die Pflanzen auch wachsen. Sie wollen Blätter und Blüten bilden oder Samen, damit wieder neue Pflanzen entstehen können. Aber wißt ihr, was die Pflanzen essen, um wachsen zu können? Das ist die große Überraschung: Sie leben von Luft, Wasser und Salzen, die im Wasser gelöst sind!

Vor allem brauchen sie den verbrannten Kohlenstoff, der in der Luft enthalten ist. Aus diesem verbrannten Kohlenstoff und aus Wasser machen die Pflanzen richtigen Zucker, und das passiert hier in diesen Kügelchen. Aus dem Zucker bauen die Pflanzen dann alle anderen Stoffe auf, die sie brauchen. Eine großartige Erfindung der Natur, nicht wahr?"

Dieter wollte wissen, wo denn nun die Pflanzen den verbrannten Kohlenstoff einatmen.

Der Doktor antwortete: „Die Atemöffnungen der Pflanze befinden

Zum Bild auf den nächsten Seiten:
Die Drüsenhaare auf dem Fingerhutblatt bilden einen fantastischen Säulenwald. Auf jeder Säule sitzt eine glänzende Kugel (in Wirklichkeit ein winziges Klebstofftröpfchen). In den Zellen sind die runden Farbstoffträger zu sehen. Doktor Kleinermacher zeigt die Lüftungsschlitze an einer Blattunterseite. Links hinten saugt sich ein „Blattlausriese" voll.

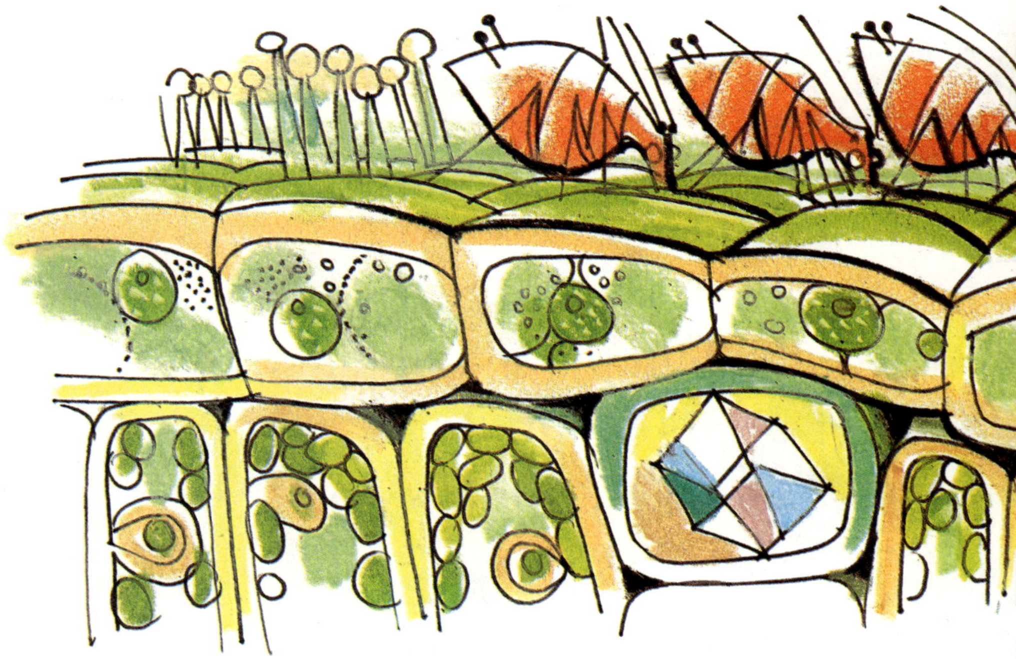

sich nicht hier oben, sondern an der Unterseite des Blattes. Wollen wir doch einmal probieren, ob wir da nicht auch hingelangen."
Nach einigem Suchen entdeckte der Doktor einen Spalt auf der Oberseite der Blattfläche. Eine Fuge zwischen den Pflastersteinen war undicht, und man konnte sich durchzwängen.
Schon in dem Pflanzenstengel war es sehr aufregend. Was die Kinder aber jetzt im Innern des Blattes sahen, war unbeschreiblich. Nahe an der Oberfläche standen dicht beieinander sackartige Zellen, die voll grüner Kügelchen waren, die chemischen Fabriken. Darunter wieder waren die Zellen unregelmäßiger in der Form und standen nicht mehr so dicht, so daß sich viele Hohlräume ergaben und die Kinder

... nur ein winziger Ausschnitt aus einem Blattquerschnitt: Oben auf der Außenhaut sitzen die Drüsenhaarsäulen. Rechts ein Bündel mit Leitgefäßen; daneben hohe Zellen für die Chlorophyllkörperchen. Traute hat eine Kristalldrüse entdeckt und Doktor Kleinermacher studiert den Mechanismus der Spaltöffnung an der Blattunterseite.

bequem durch das Gewirr der Zellen klettern konnten. Hier unten wurden auch die grünen Kügelchen immer seltener. „Das hat èinen besonderen Grund," erklärte der Doktor, „wie jede Fabrik, so braucht auch die Pflanze eine Kraft, die sie antreibt. Wir Menschen nehmen Kohle oder Erdöl oder Strom. Die Pflanzen nehmen das reichlich vorhandene Sonnenlicht. Und weil auf die Blattoberseite mehr Licht gelangt, sind dort auch die grünen Kügelchen reichlicher vorhanden, als hier unten."

In einem grünen Paradiese standen die drei mitten im Blatt und konnten sich an der Pracht nicht satt sehen. Kein Abenteuerland, kein Urwald konnte so phantastisch sein wie diese Landschaft mitten in einem Blatt.

Der Doktor freute sich mit den Kindern über diesen großartigen Anblick.

„Stellt euch einmal vor," sagte Doktor Kleinermacher, „wir Menschen könnten aus Wasser und verbranntem Kohlenstoff wie die Pflanzen Zucker produzieren. Und als Kraftquelle würde uns die Sonne reichen! Da hätten die Menschen bald keine Energiesorgen mehr, denn aus Zucker könnte man Benzin und auch Strom herstellen!"

Da entdeckte Dieter etwas Neues: Die Unterseite war mit zahlreichen kleinen Öffnungen versehen, die nach außen führten.

„Ja, Dieter, jetzt kann ich euch die Atemöffnungen der Pflanze zeigen. Diese Spaltöffnungen hat jedes Blatt an der Unterseite, viele tausende. Wenn die Wasserleitungen die Nährstoffe mit dem Wasser von den Wurzeln aus nach oben pumpen, dann verdunstet das Wasser in den Blättern und kann durch diese Öffnungen nach außen. Die Nährstoffe aber bleiben in der Pflanze. Jede Pflanze hat viele Blätter, und jedes Blatt hat noch viel mehr Spaltöffnungen. Was da so im Laufe eines Tages an Wasser emporgesogen wird und in den Blättern verdunstet! Ihr macht euch keine Vorstellung. Seht euch die Spaltöffnungen mal genauer an.

Jede Öffnung wird von zwei Zellen gebildet. Die beiden Zellen sehen aus wie ein Paar Wiener Würstchen. Ist viel Wasser in der Pflanze, dann sind die Würstchen prall gefüllt und beulen sich zu einer großen Öffnung auseinander. Jetzt kann das Wasser verdunsten. Ist aber wenig Wasser in der Pflanze, dann fallen die Würstchen zusammen, werden schlaff, und die Spaltöffnungen schließen sich. Das wenige Wasser wird in der Pflanze zurückgehalten. Deshalb verdursten die Pflanzen auch nicht so leicht in der prallen Sonne. Ist das nicht ein klug ausgedachter Mechanismus? Vorsicht, Traute, fall nicht hinunter! Die Spaltöffnungen stehen jetzt alle offen. Wenn du hier durchfällst, bist du rettungslos verloren."

Traute hatte wirklich nicht achtgegeben. Sie entdeckte nämlich etwas Neues, und das nahm ihre ganze Aufmerksamkeit in Anspruch. Nicht weit von den drei Abenteurern breitete sich im Blatt ein heller Tunnel aus. Nur die Oberhaut und die Unterhaut des Blattes waren

noch da, die grünen Zellen dazwischen waren wie weggefressen.
Breit und groß lag das Gewölbe vor den Kindern. Mitten im Blatt ein Glaspalast. Durch die Decke des Glastunnels schien warm und ungehindert die Sonne. Und auf dem Glasboden schritten die drei Abenteurer entlang, immer tiefer in das Gewölbe hinein. Wer hat sich diesen Glaspalast in dem Blatt nur gebaut? Die grünen Wände zur Rechten und zur Linken standen weit auseinander. Sicher hat sich ein Tier, ein Schmarotzer, diesen Gang im Blattgrün genagt. Vorsichtig war der Bursche: Weil er die Oberhaut und die Unterhaut des Blattes nicht annagte, nur die Zellen im Innern aufgefressen hatte, war er in seiner gläsernen Wohnung ständig geschützt.
Der Doktor erzählte, es gäbe viele solcher Schmarotzer im Blattgrün. Raupen von kleinen Schmetterlingen, sogenannte Miniermotten, nagen sich solche Gänge. Aber auch Larven von Blattwespen, selbst Larven von Käfern ernähren sich auf die gleiche Art im Blattgrün. Dabei gehen die Tiere sehr klug vor. Damit das Blatt recht lange frisch bleibe, benagen sie das Blatt von der Spitze aus. Auch sehen sie sich vor, daß sie keine Wasserleitungen beschädigen, sonst stockt die Ernährung des Blattes, und die Raupen müssen verhungern.
Der Doktor war noch im Erzählen, da nahte schon die Raupe, die sich den Glaspalast genagt hatte. Ein entsetzliches Vieh! Dick und schwammig war der Körper. Den Kindern erschien das Ungeheuer, das sonst dem menschlichen Auge entgeht, so groß wie ein Wal. Und wie satt und vollgefressen das Ungeheuer aussah. Das war den Kindern dann doch zu viel. Sie flüchteten, der Doktor hinter ihnen her, denn er wollte seine Freunde nicht allein lassen. Schon hatten die drei den gläsernen Tunnel hinter sich, schon bewegten sie sich zwischen den schützenden grünen Zellen, da geschah das Unglück.
Bei der Flucht achteten die drei nicht auf ihren Weg, dachten nicht mehr daran, daß der Boden des Blattes viele Spaltöffnungen hatte. Sie traten daneben und alle drei stürzten durch die Spaltöffnungen der Blattunterseite.
Jetzt ist es aus, jetzt haben alle Abenteuer ein Ende! Aber der Doktor merkte, daß der Flug durch die Luft alles andere als ein Sturz war. Viel leichter noch als Federn schwebten die drei durch die Luft. Ja, manchmal ergriff sie ein leichter Wind und hob sie sogar empor. Dieser Sturz durch die Luft war ein sanfter Flug, ohne Apparat und ohne Flügel. Nur konnten sie nicht steuern, konnten die Richtung ihrer Reise nicht bestimmen.
Von seinem ersten Schreck hatte sich der Doktor erholt. Ein neuer Schreck aber erfüllte ihn jetzt. Anfangs waren die drei in der Luft noch zusammen, bald aber wehte sie der Wind auseinander. Schon konnte der Doktor seine Freunde nicht mehr erkennen, so weit war er von ihnen entfernt. Wenn das gut geht! Hoffentlich geschieht den Kindern nichts!
Bei seiner Luftreise kam der Doktor

einem Baum nahe. Er erkannte, daß der Baum mit Flechten bedeckt war. Der Wind drückte ihn an die Flechten, und er klammerte sich an ihnen fest. Der Doktor ließ nicht los, denn die Luftreise mußte ein Ende haben. Wer weiß, wohin man sonst noch gelangt? Wie leicht kann irgendein fliegendes Insekt den kleinen Bissen wegschnappen. Nur nicht noch einmal solch eine ungewisse Luftreise. Dann schon lieber an den Flechten zappeln und warten, bis das Wachstum einsetzt. Aber der Doktor war zu sehr Naturforscher, um stumm und ergeben das Größerwerden abzuwarten.

Wie sehen denn die Flechten eigentlich von nahem aus? Er wußte ja schon einiges, der Doktor: Alle Flechten setzen sich aus zwei Pflanzenarten zusammen, nämlich aus hellen Pilzen und kleinen grünen oder blauen Algen. Die Algen erst geben der Pflanze die Farbe. Von einer Pflanze darf man eigentlich gar nicht sprechen, sondern von zwei zusammenlebenden Pflanzenarten. Die Freundschaft zwischen den beiden Pflanzenarten ist so eng, daß man Alge und Pilz nur unter dem Mikroskop deutlich unterscheiden kann. Der Pilz sorgt für die Feuchtigkeit, und die Alge erzeugt mit Hilfe ihres Blattgrüns Zucker. Das bringt nämlich der Pilz nicht fertig, weil ihm das Blattgrün fehlt.

Die Flechten sind sehr genügsam. Auf jeder Baumborke, auf jedem Stückchen Holz, auf jedem Stein können sie sich ernähren. Dafür wachsen sie aber sehr langsam. Eine Flechte braucht Jahre, ehe sie sichtbar größer wird. Nur eins kann sie nicht vertragen: Schlechte Luft ist ihr ein Greuel. Sie verlangt immer nach guter Luft, und wo Flechten wachsen, ist die Luft gesund. Darum wachsen ja auch so selten Flechten in den Großstädten.

Bei seinen Betrachtungen erkannte der Doktor in der Rindenschicht der Flechte eine Öffnung. Hinein. Erstens wird man da drinnen nicht so sehr von der Luft geschaukelt, und zweitens kann man sich auch mal eine Flechte von innen ansehen.

Wie im Blatt, so wunderbar sah es auch im Innern der Flechte aus. Die dicke Rindenschicht bestand aus Pilzmasse. Kreuz und quer gingen die hellen Pilzfäden durcheinander. In dem Gewirr konnte man umherklettern wie in einem Irrgarten. Vereinzelt zwischen den Pilzfäden lagen runde, grüne Kugeln.

1. Doktor Kleinermacher untersucht eine Schüsselflechte: aus runden Algen und langen Pilzfäden ist diese Pflanze aufgebaut.

2. Dieter ist im Pilzgeflecht des Mehltaues, unter einem Rosenblatt, hängengeblieben.

3. Traute hat sich zwischen Sandkörnchen versteckt.

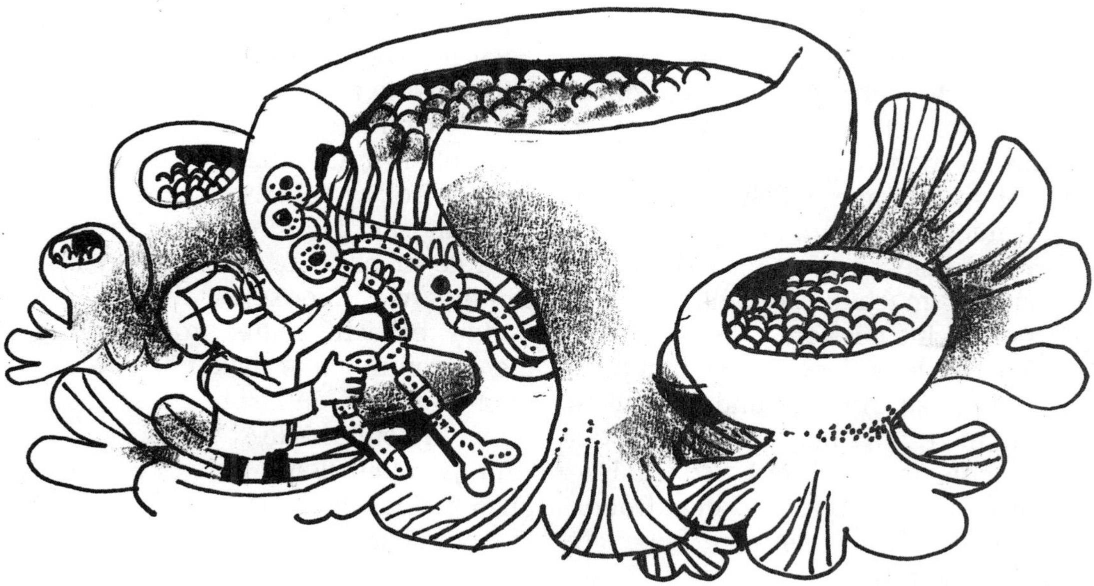

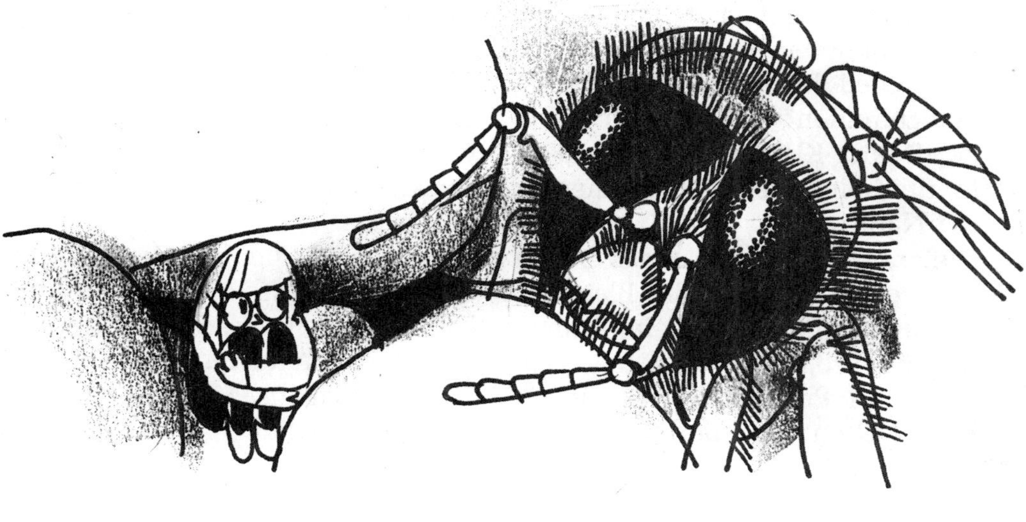

Das waren die Algen, die lebenslänglich Verbündeten des Pilzes. Ein herrlicher Anblick! Wie schön, wenn man das alles als Zwerg zu sehen bekommt! Schade, daß die Kinder sich den herrlichen Tempel nicht ansehen können. Was mögen sie nur machen? Hoffentlich ist ihnen nichts passiert.

Was ist denn das? Das beginnt ja im Körper zu prickeln und zu reißen! Himmel, jetzt fange ich an, in der Flechte zu wachsen! Schnell hinaus! Rasch stolperte der Doktor über die Pilzfäden und arbeitete sich dem Ausgang näher. Dann stürzte er sich in die frische Luft. Anfangs wurde er wieder sanft hin und her getragen, dann wurde er schwerer, und langsam fiel er zur Erde.

Dieter hatte die gleichen Erlebnisse in der Luft wie der Doktor. Auch er wurde hin und her getragen. Zeitweise ging es höher, zeitweise aber auch abwärts. Als Dieter einem Blatt näherkam, hielt er sich sofort daran fest. Das Blatt war mit zahlreichen weißen Fäden bedeckt. Dieter überlegte nicht lange und griff zu. Er hatte keine Ahnung, was sich eigentlich hier auf dem Blatte breitmachte. Wer sollte sich auch in all den Wundern der Natur zurechtfinden? Kennt doch selbst der Doktor Kleinermacher nicht alle Erscheinungen und Namen in der Natur.

Dieter beobachtete, daß das Gewirr der weißen Fäden in das Blatt hineinging. Sicher irgendein Schmarotzer, der das Blatt aussaugt. Vielleicht ein Pilz? Aber was für ein Pilz? Mitten im Überlegen setzte auch bei Dieter das Größerwerden ein. In der Aufregung vergaß er sich festzuhalten und stürzte wie der Doktor in die Luft.

Als der Doktor immer größer wurde und langsam zur Erde hinabsank, schaute er eifrig nach den beiden Kindern aus. Aber selbst als er den Boden erreicht hatte, konnte er nichts von ihnen erblicken. Erst als er mit seinem Haupte über das Gras schauen konnte, sah er Dieter.

„Junge, mein lieber Junge, ist dir auch nichts passiert?" Er wollte auf Dieter zueilen, aber die Schmerzen in den Gliedern beim Größerwerden verhinderten jedes Gehen. Da hinten wächst ja auch die Traute aus dem Grase heraus. Nun ist alles gut, die Kinder leben und sind gesund. Der Doktor erzählte von seinen Flechten und der Dieter von seinen Fäden auf dem Blatt. Als dann alle drei die Fäden besichtigten, erkannte der Doktor, daß Dieter mitten in dem weißen Überzug eines Mehltaupilzes gelandet war. Mehltau sagte man zu jenen Pilzen, weil die Blätter wie von Mehlstaub überzogen schienen. Von mikroskopisch kleinen Pilzen hatte man damals keine Ahnung.

„Und du, Traute, was hast du erlebt?"

„Ich bin auf der Erde gelandet, habe mich unter einem Steinchen versteckt, damit mich nicht irgendein Tier frißt."

Der Doktor sagte: „Kinder, auf den Schrecken müssen wir Kaffee trinken und Kuchen essen, Schlagsahne habe ich auch da."

Hat die Schlagsahne den Kindern geschmeckt!

Besuch im Wespennest

Wieder waren die Kinder im Garten von Doktor Kleinermacher. Dieter und Traute freuten sich auf die nächsten Erlebnisse und neuen Erzählungen vom Doktor. Dessen war man sicher: Wenn der Doktor erst über Kohl, Rüben und Zwiebeln spräche, dann würde es spannend.
„Doktor, erzähle uns doch einmal etwas von deinen Küchenpflanzen. Wir wollen von Kohl, Rüben und Zwiebeln hören, von Gurken und Kürbissen."
Der Doktor erzählte gern, und wenn man ihn sogar dazu aufforderte, dann erzählte er mit doppelter Lust.
„Ihr seht hier Blumenkohl und Kohlrabi, da Kohlrüben, da Rotkohl, Weißkohl, Grünkohl, Rosenkohl. Wie verschieden die Pflanzen doch alle aussehen, nicht wahr? Nur eins haben sie alle gemeinsam, nämlich das Wort Kohl. Nun muß ich euch sagen, ob Blumenkohl oder Kohlrabi, es sind alles dieselben Pflanzen. Es sind Zuchtformen einer einzigen Pflanze. Unser Grünkohl sieht der Urform noch am ähnlichsten. Diese Urkohlpflanze wächst noch manchmal wild an den Meeresgestaden. Aus dieser Urkohlpflanze haben die Menschen in Jahrhunderten die verschiedensten Formen gezüchtet. Es ist genauso wie bei den Haushunden. Zwischen Zwergpinschern und Bernhardinern kann man auch kaum noch eine Verwandtschaft erkennen. Das haben die Menschen durch Züchtung fertiggebracht.
Aber Kohl gabs schon lange. Ich habe euch mal die Geschichte von einem römischen Kaiser erzählt, der sich in den Kohl verliebte. Es gab später einen europäischen Kaiser, der seinen Gemüsegarten genauso sorgfältig bestellte wie sein großes Reich. Ihr kennt ihn auch: Es war Karl der Große. Im Jahre 812 setzte sich Karl der Große hin und schrieb seine berühmte Landgüterordnung. Er empfahl seinen Bauern, tüchtig Kohl, Mohrrüben, Zwiebeln und Obst aller Sorten zu pflanzen. Der Gemüsegarten war dem Kaiser genauso wichtig wie die hohe Politik. Und da sollen wir etwa kein Gemüse anbauen?
Hier stehen meine Erbsen. Aschenbrödel kennt ihr doch, die Erbsen sortieren sollte. Aber da gab es mal einen berühmten Redner im alten Rom, der hieß Erbse. Ein gewisser Herr Kichererbse. Er war der berühmteste Redner aller Zeiten. Ihr kennt ihn vielleicht unter dem lateinischen Namen Cicero. Wenn ihr ihn in der Schule noch nicht gehabt habt, dann kommt er sicher noch dran.
Die Römer waren überhaupt sehr praktisch bei ihrer Namensgebung. So hieß zum Beispiel ein berühmtes Geschlecht im alten Rom ‚die Fabier'. Das bedeutet weiter nichts als die ‚Familie Bohne'. Die Römer wa-

ren ursprünglich nämlich ein Bauernvolk. Wir geben uns soviel Mühe mit unseren Namen. Die Kinder müssen Liese-Lotte oder Karl-Heinz heißen. Die Römer machen sich weniger Kopfschmerzen. Manche riefen ihre Söhne Fünfter oder Sechster, ganz nach der Reihenfolge der Geburten. Und wir glauben wunder, wie vornehm das klingt: Quintus, Sextus...
Hier sind meine Bohnen, da wir gerade von der Familie Bohne sprechen. Habt ihr mal von dem Pythagoras gehört? Komisch, Kinder, wie nur die Gedanken kommen. Von den Bohnen komme ich auf Pythagoras. Den Lehrsatz des Pythagoras – kennt ihr den? Am rechtwinkligen Dreieck soll die Summe der Quadrate der Katheten gleich dem Hypotenusenquadrat sein. Als Pythagoras den Lehrsatz fand, soll er vor Freude den Göttern hundert Ochsen geopfert haben. Man sagt, seit der Zeit zittern alle Ochsen, wenn eine neue Wahrheit entdeckt wird. Aber Spaß beiseite, dieser Pythagoras war ein großer Philosoph. Er gründete eine Schule und verbot seinen Schülern das Essen der Bohnen. Ist das nicht komisch? Unsere grünen Bohnen schmecken doch so gut!
Na ja, die Sache findet ihre Aufklärung. Unsere grünen Bohnen gab es damals nämlich noch nicht. Die sind aus Amerika gekommen, und Amerika war damals noch nicht entdeckt. Damals wuchsen aber Bohnen, die wir heute Pferdebohnen oder Saubohnen nennen. Da drüben stehen sie. Die verbot Pythagoras seinen Jüngern. Und das erscheint mir schon verständlicher, denn für jedermanns Geschmack sind die Saubohnen nicht. Wie übersetze ich nun aber den Namen der Familie Fabius? Soll ich Familie Saubohne sagen oder Familie Pferdebohne? Auf jeden Fall ist die Saubohne eine sehr ehrwürdige Bohne..."

„Au!"

„Was hast du denn, Traute?"

„Eine Wespe, sie will mich stechen, kannst du mir bitte helfen?"

„Ganz ruhig, Traute, keine heftigen Bewegungen! Die Wespe tut dir nichts. Nur wenn man sich schnell bewegt, glauben die Tiere, wir wollen sie angreifen, und dann wehren sie sich. Siehst du, Traute, jetzt fliegt sie ab. Bei Bienen und Wespen heißt es immer Ruhe bewahren, dann passiert nichts. Und wenn euch wirklich eine Wespe oder Biene sticht, dann hilft am allerbesten, wenn man den Stich mit dem Mund aussaugt und wegspuckt. Der Schmerz läßt dann ziemlich schnell nach."

„Doktor, leben die Wespen auch in einem Staat wie die Bienen?"

„Ja, die Wespen haben auch ein Staatsnest. Nur können sie ihre Zellen nicht aus Wachs bauen. Aber sie wissen sich zu helfen. Sie benagen Holz, zerkauen die Holzmasse, und daraus bereiten sie einen Stoff, der ungefähr so wie unser Papier aussieht. Die Wespen haben ein Schloß aus Papiermaché."

„Doktor, das Papierschloß müssen wir uns ansehen.".

Auch Dieter war damit einverstanden, nur wollte er noch mehr von dem Gemüsegarten wissen. Der Doktor sollte nicht vergessen, die Erzählung vor dem nächsten Abenteuer fortzusetzen. Daß man von Kohl auf Karl den Großen komme, von der Erbse auf Cicero und von den Bohnen auf Pythagoras und Amerika, das sei doch riesig interessant. Der Doktor versprach alles. Aber nun bereitete er sich auf das Wespen-Abenteuer vor.

Zuerst: Wo ist hier das nächste Wespennest?

Der Doktor ließ die Kinder suchen und lächelte dabei. Er hatte schon alles vorbereitet, denn wenn auch die Kinder ein Nest gefunden hätten, ohne Vorbereitungen hätten die drei Abenteurer niemals das Nest betreten dürfen. So friedfertig die Hummeln sind, so kriegerisch und angriffslustig sind die Wespen. Es kommt hinzu, daß die Wespen noch besser riechen können als die Bienen. Ein Feind wird also noch schneller erkannt. Wer den Nestgeruch nicht an sich hat, wird niedergestochen. Die Wespen machen kurzen Prozeß. Ein Bienenstaat ist direkt ein Paradies dagegen.

So hatte denn der Doktor einen Extrakt gebraut, dessen Geruch genau dem Geruch der Wespen entsprach. Das Wespennest befand sich in einer Erdhöhle, dicht bei einem Baum. Hier wurde ein Teller mit der Flüssigkeit des Wespenaromas niedergestellt.

Aber der Kuckuck traue den kriegerischen Wespen. Wer weiß, vielleicht macht sich doch noch eine Wespe über die drei Zwerge her. Dann ist es aus mit allen Abenteuern. So hatte der Doktor sogar kunstvolle Panzer gebaut, die aus Chitin bestanden. Chitin ist eine Masse, die von den Insekten, besonders von den Käfern, als Körperschutz getragen wird. Die harten Käferdeckel sind aus Chitin. Die Rüstungen hatten richtige Gelenke, so daß sich die Kinder gut bewegen konnten. Selbst für ein Visier war gesorgt, damit das Gesicht geschützt werden konnte. Die zierlichen Ritterrüstungen wurden am Extraktteller niedergestellt. So, und nun konnte das Wunderwasser ausgeteilt werden.

Die drei Abenteurer schrumpften zusammen, und bald waren sie so klein wie Bienen. Wo ist der Teller mit der Riechflüssigkeit? Da steht er ja. Schnell hin, ehe uns eine Wespe entdeckt und sich über uns herstürzt. Die Wespen fliegen wie Flugzeuge durch die Luft und sehen recht beängstigend aus.

Zum Bild auf den nächsten Seiten:
Vom Stiel eines Kohlrabiblattes aus schaut eine Blaumeise nach Raupen; oben räumt die Kohlmeise ein Wirsingblatt ab; ein flinkes Wiesel hat eine junge Rötelmaus entdeckt: reges Leben herrscht in dem schönfarbigen Gemüsebeet.

Der Teller wurde erreicht, und die drei stürzten sich in die Flüssigkeit, damit ihr ganzer Körper schnell den Wespengeruch annahm. Prustend und schüttelnd kletterten sie dann aus dem Teller.
Da stehen ja auch die Rüstungen. Die größte war für den Doktor. Der hatte sich rasch angezogen. Auch Dieter war mit der Ritterrüstung schnell fertig. Nur Traute konnte sich nicht so bald zurechtfinden. Dieter mußte ihr beim Anziehen helfen. Alle drei waren nun startbereit. Jetzt hinein in das Wespennest, doppelt geschützt durch Rüstung und Nestgeruch!
Aber, o weh! Müssen es die alten Ritter schwer gehabt haben! Vorher konnte man noch springen und laufen, jetzt aber war jeder Schritt schwer und mühsam, vom Springen ganz zu schweigen. Besonders Traute bewegte sich schwerfällig in ihrer Ritterrüstung. Aber in ihrem Kummer sah sie auf Dieter und war entzückt:
„Dieter, jetzt sehe ich dich endlich mal als Ritter. Du siehst aber toll aus. So ein Ritteranzug steht dir ganz gut, alles was recht ist."
Dieter war stolz. Er wollte der Traute zeigen, wie zünftig er gehen kann, machte gewagte Schritte und – plauz, da lag er in ganzer Länge auf dem Boden. Als er sich, gehemmt durch die Rüstung, noch nicht mal allein erheben konnte, da lachte die Traute laut los: „Armer Ritter, ich habe dich zum Fressen gern. Arme Ritter esse ich nämlich sehr gerne." Dann hoben der Doktor und Traute den armen Ritter auf.

Bei weitem vorsichtiger und ruhiger gingen jetzt die drei auf den Eingang des Wespennestes zu. Wie gefährlich nahe die Wespen herumflogen. Aber der Geruch, den der Doktor zusammengebraut hatte, schien echt zu sein – keine Wespe griff die drei Zwerge an.
Wieder hatte der Doktor seine Bakterienlampe bei sich, und als die drei in das enge Loch des Wespenstaates traten, leuchtete die Lampe hell auf.
So also sieht der Papierdom des Wespennestes aus! Aus Papiermaché hing ein riesiges Gewölbe in dem Erdloch. Im Innern des Gewölbes waren Wabenreihen dicht nebeneinander angebracht. Während die Bienen ihre Waben waagerecht

Oben im Bild wird mit Zellstoff-Fasern eine Nestzelle gebaut; auch im mittleren Stockwerk legt eine Wespe neue Zellen an. Jeder Nestteil hängt an einem dünnen Stiel. In der Mitte wird eine Larve gefüttert.

bauen, hingen hier die Wabenöffnungen nach unten. Wie sollen denn nur die Wespenkinder den Honig naschen? Er muß ja auslaufen.
Die Wabenplatten waren in Etagen angebracht. Der Wespenstaat war bedeutend größer als der Hummelstaat. Der Doktor sagte, so ungefähr dreitausend Staatsbürger wohnten hier im Wespennest. Die Entstehung eines Wespennestes ist sonst aber ungefähr so wie bei einem Hummelnest. Da ist auch die Wespenmutter, die Große da! Die ging im Herbst vorigen Jahres auf die Hochzeitsreise, und dann verbarg sie sich irgendwo in der Erde oder in einer Baumrinde. Kommt der Frühling, dann gründet die Wespenmutter ihren Staat. Sie baut die ersten Zellen, zerkaut selbst das Holz der Bäume zu Papiermaché, fliegt zu den Blüten, um sich zu ernähren, legt die ersten Eier und fliegt aus, um Beute zu machen. Die Wespenkinder wollen nämlich, wie die Kinder bei vielen anderen Wespen, nur Fleisch fressen. Darum können auch die Zellen nach unten offen sein. Sie sind nämlich nicht für den Honig bestimmt.
Die Wespenkinder sehen wie kleine Maden aus. Da könnt ihr welche sehen, da hängen sie mit den Köpfen nach unten in ihren Zellen. Wenn die Wespenlarven sich verpuppen, dann spinnen sie selbst ihre Waben zu. Nun schlafen sie einige Zeit in ihrer Puppenwiege, und dann kommen die fertigen Wespen hervor. Die ersten helfen bald der großen Wespenmutter. Sie pflegen die Kinder, sammeln Beute ein, und schließlich fliegt die große Wespenmutter überhaupt nicht mehr aus, sondern legt nur noch Eier. Dabei wird der Wespenstaat immer größer, und es muß fortlaufend angebaut werden.
Bis jetzt wurden nur Arbeiterinnen geboren, das sind Weibchen, die keine Eier legen können. Im Herbst aber legt die große Wespenmutter echte Weibcheneier, und auch echte Männchen werden geboren. Jetzt geht es auf die Hochzeitsreise. Im Wespenstaat aber stirbt dann langsam alles ab. Nur die befruchteten Wespenweibchen überleben den Winter irgendwo verborgen und gründen im Frühling einen neuen Staat. In jedem Jahr muß alles neu erarbeitet werden. Da sind die Bienen doch besser dran, die ihren Staat den Winter über lebendig erhalten.
Der Doktor hatte beim Herumklettern viel erzählt. Seine Worte aber klangen immer schwächer. Die schwere Rüstung behinderte ihn sehr stark, und Traute und Dieter stöhnten noch mehr unter der Last der Insektenritterrüstung.
„Doktor, laß uns hinausgehen. Wir können es nicht mehr aushalten. Wenn wir hier noch länger bleiben, fallen wir um und sterben. Die Ritter müssen früher wirklich Helden gewesen sein, wenn sie in solchen Anzügen auf Abenteuer ausgehen konnten."
Der Doktor war gern dazu bereit, denn seine Rüstung war nicht genau nach Maß angefertigt, und ihn drückte es an allen Körperstellen.
Als die drei draußen im Freien saßen und ihre Helme lüfteten, beob-

achteten sie müde und erschöpft eine Fliege, die sich in der Sonne badete. Keiner redete ein Wort, alles schaute auf die Fliege, die da arglos in der Sonne saß.
Plötzlich kam aber doch Bewegung in die drei Beobachter. Von oben stürzte sich eine Wespe im Sturzflug auf die arme Fliege, tötete sie und riß ihr dann beide Flügel und alle sechs Beine aus. Das ging so schnell und plötzlich, daß Traute noch nicht mal Zeit zum Aufschreien fand. Ehe die Beobachter zu Worte kamen, war die Wespe schon mit der verstümmelten Fliege verschwunden.
„Doktor, was hat denn die Fliege der Wespe getan?"
„Ich habe es euch ja schon vorhin erzählt. Die Wespen naschen Honig und Zucker, die Kinder aber schreien nach Fleisch. Die Fliege wird, vorgekaut, den Larven vorgesetzt. Darum stürzen sich ja die Wespen auch nicht nur über Obst- und Zuckerwaren her, sie suchen auch Fleischerläden auf. Die Wespenkinder müssen ernährt werden. Was tut man nicht alles für die Kinder! Aber wir wollen hier weggehen. Sonst hält uns eine Wespe auch für eine Fliege und will uns verstümmelt einschleppen."
Die drei machten ihre Helme wieder zu und stolperten mühsam von dannen. Sie wollten um den Baum herumwandern und sich auf der anderen Seite niederlassen. Da drüben werden wir uns wohl ungestörter ausruhen können. Mühselig folgten die Kinder ihrem Doktor und stöhnten schwer. Ein Glück, daß wir im täglichen Leben ohne Ritterrüstung auskommen. Wanderung mit schwerem Gepäck ist ein Kinderspiel gegen einen Ritterspaziergang.
Die drei hatten ihren Platz erreicht und wollten sich setzen. Aber Traute war der Boden zu feucht. Da kann man sich ja die schönste Erkältung holen! Schon wollte der Doktor weiterwandern, nun blieb er aber wieder betrachtend stehen.
„Kinder, hier müssen wir bleiben! Ich habe eine große Entdeckung gemacht. Hier befindet sich Sonnentau."
Dieter fragte: „Wo? Doktor, das ist kein Sonnentau, das ist Wasser. Warum sagst du zu den Wasserpfützen Sonnentau?"
„Ich meine nicht die Pfützen, ich meine die Pflanze dort, die heißt nämlich Sonnentau."
Dieter sah sich die Pflanze an. Mitten im feuchten Moos stand sie. Gewiß, sie sah sonderbar aus. Besonders die Blätter waren merkwürdig gestaltet. Auf ihnen standen nämlich viele Stiele, und jeder Stiel hatte ein helles Tröpfchen, wie ein Tröpfchen Sonnentau. Das sah sehr nett aus. Aber wollen wir nicht weitergehen? Hier im feuchten Moos holt man sich kalte Beine. Eben wollte Dieter den Doktor auffordern, doch die dummen Pflanzen stehen zu lassen und sich einen trockenen Platz auszusuchen, man holt sich ja nur nasse Füße. Da ereignete sich etwas, und Dieter und Traute blieben ebenso wie der Doktor staunend stehen.
Eine kleine Fliege ließ sich durch die glänzenden Tautröpfchen auf den Stielen des Blattes anlocken.

Im Sonnentaublatt (links) wird eine Goldfliege von Fangarmen eingeschlossen. Rechts unter dem Käfer (einem roten Lilienhähnchen) ist ein Blatt, in dem ein gefangenes Tier verdaut wird, fest verschlossen.
Das längliche Blatt des lilablühenden Fettkrautes (mitte unten) rollt sich nach innen, um die Ameise darin zu umschließen.

Sie nahm Richtung auf ein Blatt der Pflanze und setzte sich mitten drauf. Aber nun merkte man: Die „Tautropfen" sind gar keine Tautropfen, es sind Tropfen einer klebrigen Flüssigkeit, die jedes kleine Insekt festhalten. Schnell wollte sich die Fliege befreien, aber nun stülpten sich alle Stengel des Blattes über ihr zusammen. Immer mehr Klebetropfen hielten sie fest. Schließlich rollte sich das Blatt so sehr zusammen, daß von der Fliege nichts mehr zu sehen war.
Dieter wollte warten, bis sich das Blatt wieder öffnete. Aber der Doktor sagte: „Da kannst du lange warten, Dieter, am nächsten Tag öffnet sich das Blatt, und dann ist von der Fliege nichts mehr zu sehen: Die Pflanze verdaut nämlich die Fliege."
„Ach so, das ist eine sogenannte fleischfressende Pflanze! Dabei hört sich der Name so unschuldig an: Sonnentau."
Der Doktor mußte wieder einiges erzählen. „Handelt die Pflanze nicht wie ein kluges Tier? Ihr müßt wissen, auf diesem feuchten, moorigen Boden steht die Pflanze, und ihr fehlt etwas an Nahrung. Was ihr der Boden nicht bieten kann, das nimmt sich die Pflanze aus dem Tierreich. Dabei unterscheidet sie sehr gut zwischen genießbarem und ungenießbarem Zeug. Legt man ein kleines Stückchen Fleisch oder Käse auf das Blatt, dann greifen die Stiele genauso zu wie bei einem Tierchen. Legt man aber ein kleines Stückchen Holz oder Glas auf die Blattoberfläche, dann reagieren die Blätter nicht. Die kleine Sonnentaupflanze läßt sich nicht betrügen. Aber, Dieter, du schaust so gespannt nach oben, daß du noch Genickstarre bekommen wirst. Und kalte Füße bekommst du auch. Wir wollen weiterwandern, um wieder trockenen Boden zu erreichen."
Jetzt war es Dieter, der schwer zu bewegen war, das Gelände zu verlassen. Er betrachtete die fleischfressende Pflanze und dachte: Würde die kleine Sonnentaupflanze auch Menschen fressen? Wenn nun der Doktor der Raubpflanze zu nahe käme, dann würde er kleben bleiben, und um unseren guten Doktor Kleinermacher wäre es geschehen. Aber Traute und ich, wir würden dann zeigen, was wir können, und unseren Doktor von dem Fleischfresser befreien. Wir würden zerren und ziehen, bis wir unseren Freund wieder hätten, und wenn dabei die Hose des Doktors zum Kuckuck ginge. Dieter träumte Sonnentau-Abenteuer, schließlich ging er aber dem Doktor und Traute nach.
Die drei Abenteurer stampften schwer durch das Moos, bis sie wieder trockenen Boden erreicht hatten. „Hier laßt uns ausruhen, jetzt haben wir aber wirklich genug gearbeitet.
Aber was ist denn da schon wieder? Sollen wir denn überhaupt keine Ruhe finden? Da liegt doch eine Maus im Sande, schon halb eingegraben. Und was da für Insekten um die Maus herum tätig sind. Das ist ein Gewimmel!"
Der Doktor hatte alle Müdigkeit vergessen und beobachtete ange-

strengt die Vorgänge. Eine Maus hatte das Zeitliche gesegnet. Sie war jetzt sozusagen mausetot und lag ausgestreckt im Sande. Nun kamen die Insekten in Scharen und wollten an der Maus ihre Eier ablegen – damit die Larven gut zu fressen haben, wenn sie aus ihren Eiern auskriechen.

Da flog die wunderschöne Goldfliege von so herrlicher Metallfarbe, daß die Kinder glaubten, noch nichts Schöneres gesehen zu haben. Da ist aber auch die graue Fleischfliege, größer als unsere Stubenfliege. Sie ist ein Sonderling unter den Insekten. Die anderen Tiere legen Eier, die graue Fleischfliege aber bringt „Würmer" zur Welt, denn schon im Mutterleib kriechen die Maden aus ihren Eiern. Da ist auch die blaue Schmeißfliege, die ihre Eier loswerden will. Man nennt die Fliege auch Brummer, denn wenn die Schmeißfliege in unseren Wohnungen Fleisch riecht, kommt sie hereingeflogen und legt ihre Eier am Fleisch ab. Beim Hinausfliegen stößt sie dann meist an die Fensterscheiben und brummt dort verzweifelt auf und nieder. So ein Brummer kann einem die Hölle heiß machen. Da ist auch noch die braune Pferdebißfliege zu sehen und viele andere Fliegen.

Im Keller aber, unter der toten Maus, arbeitet der schöne Totengräber, ein Käfer, der rot und schwarz gefärbt ist. Die Käfer buddeln so lange unter der toten Maus, bis sie immer tiefer einsinkt. Die Totengräber sind nette Burschen, denn sie überlassen nicht, wie es häufig in der Tierwelt üblich ist, ihren Frauen alle Arbeit, sondern packen rüstig selbst mit an. Ist die Maus genügend tief in die Erde gesunken, dann kommen die Weibchen und legen ihre Eier. Aus all den Insekteneiern entwickeln sich Larven, die die tote Maus von innen aufzehren. Man glaubte früher an Leichenwürmer, die von selbst entstehen. Die Würmer sind aber weiter nichts als Larven von Fliegen und anderen Insekten.

Die drei Abenteurer wollten das Mausbegräbnis erster Klasse ruhig beobachten und setzten sich dabei hin. Aber kaum saßen sie, da zog es in allen Gliedern, es juckte und preßte, und der Doktor rief:

„Kinder, schnell! Die Rüstungen ausziehen! Wir wachsen!"

Auf dem Holzweg

Wo fahren wir sonntags hin? Natürlich zum Garten des Doktor Kleinermacher. Andere müssen sich streiten, ob man sonntags zu Hause bleibt, in den Stadtpark geht oder den nächsten See aufsucht. Dieter und Traute aber kannten nur noch ein Ziel. Und es wurde ihnen nicht langweilig. Wenn die anderen ahnten, wie interessant es im Garten des Doktors ist, interessanter kann eine Reise zum Mond oder zum Mars auch nicht sein. Selbst wenn der Doktor mal sein Wunderwasser vergessen würde. Der liebe Herr ist so nett und freundlich und kann so spannend plaudern, daß man darüber die Zeit und das Essen vergißt, selbst wenn es nur um Gemüsepflanzen geht.

Als die Kinder wieder im Garten waren, plagten sie ihren alten Freund: „Doktor, erzähl uns doch etwas von deinen Gurken und Kürbissen. Sicher ist mit ihnen auch etwas Interessantes los."

„Nun, dann will ich euch meine Gurken zeigen. Hier sind sie. Viel Wasser brauchen die Pflanzen. Da kann man immerzu gießen, die Gurken und Kürbisse sind die durstigsten Pflanzen. Das haben schon die alten Ägypter gewußt, denn die pflanzten auch Gurken und Kürbisse an. Ehe die Juden aus Ägypten auswanderten, haben sie zu Füßen der Pyramiden schon Kürbisse gegessen. Darum klagten sie auch nach der Auswanderung: ‚Wir gedenken der Fische, die wir in Ägypten umsonst aßen, und der Kürbisse, Pheben, Zwiebeln, des Lauchs und Knoblauchs ...'

Aber auch Karl der Große ließ in seinen Gärten Kürbisse anbauen. Da fällt mir ein Witz ein. Eigentlich müßte ich ihn lateinisch erzählen. Ich werde aber versuchen, ob man auch auf deutsch über ihn lachen kann.

Es war einmal ein römischer Kaiser, der hieß Claudius. Die Zeitgenossen dachten nicht gut von ihm und hielten ihn für einen Trottel. Besonders der Philosoph Seneca machte sich über den kaiserlichen Narren lustig. Nun müßt ihr wissen, im alten Rom wurden die Kaiser nach ihrem Tode zu Göttern erhoben. Man sprach von einer Vergöttlichung. Das Wort Vergöttlichung aber klang im Lateinischen so ähnlich wie Verkürbissung. Seneca dachte an den hohlen Kopf des Claudius und versprach sich ständig mit konstanter Bosheit. Er redete immer von einer Verkürbissung des Claudius. Bei Nero hätte sich der Philosoph das nicht erlaubt, das hätte den eigenen Kürbis gekostet. Wie gefällt euch der Witz aus dem alten Rom mit dem längsten Bart? Wenn Seneca von einer Veräppelung gesprochen hätte, so hättet ihr ihn besser verstanden.

Übrigens stammen unsere Kürbisse aus Amerika, ebenso die Tomaten. Die alten Kürbisse aus dem Orient

pflanzt man heute kaum noch an. Kartoffeln,Tomaten, Bohnen, Tabak, Mais, alles kam über den Ozean.
Nun aber genug, Kinder, ich möchte mich heute nicht lange mit der Vorrede aufhalten. Ich habe mir ein Abenteuer ausgedacht, und daran muß ich immer denken. Wir wollen heute in einen Baum hineinsteigen."
„Fein, Doktor, hast du denn deinen Fahrstuhlbohrer wieder bei dir?"
„Nein, mit dem Fahrstuhlbohrer geht die Sache nicht. Ich habe es ausprobiert. Er bleibt in dem harten Holz stecken. Das ist schade, denn die Zellen im Holz sind noch viel sonderbarer als die Zellen in der Blume. Ich muß euch mal Holz unter dem Mikroskop zeigen. Ihr ahnt gar nicht, was für wunderbare Gebilde im Holz stecken. Schon die Jahresringe sind sehr sonderbar. Das Holz wächst nämlich in den Jahreszeiten sehr verschieden. Im Sommer werden große Zellen gebildet und im Herbt nur kleine. Als Jahresringe kann man diese Wachstumsunterschiede erkennen. So kann man an jedem gefällten Baum ablesen, wieviel Jahre er alt geworden ist. Man kann noch mehr. Die Jahre sind sehr verschieden. Es gibt gute und schlechte Jahre. Nun stellt euch mal vor, wie alt die großen Mammutbäume in Amerika werden. Wenn man einen Mammutbaum fällt, dann kann man feststellen, ob der Sommer vor dreitausend Jahren gut oder schlecht war. Jeder Baum ist ein Witterungskalender."
„Können wir denn wirklich nicht in einen Baum hinein? Vielleicht bohren wir uns vorher selbst unsere Gänge, wenn dein Fahrstuhlbohrer nichts taugt."
„Das ist alles nicht notwendig. Es gibt ja genug Tiere in den Bäumen, die für uns die Tunnel und Gänge anlegen. Wir machen uns so klein, daß wir in einen solchen Gang hineinpassen."
Der Doktor ging mit den Kindern in den „deutschen Wald" seines Gartens und führte sie an die Fichte. Die Bäume werden alle von sogenannten Borkenkäfern, Holzböken, Waldgärtnern, und wie die Käfer alle heißen, heimgesucht. Viele Käfer gehen nur an bestimmte Bäume. Zum Beispiel lebt der Holzkäfer, den man den Waldgärtner nennt, nur in der Kiefer. Er heißt Waldgärtner, weil seine Fresserei und Holzbohrerei in der Kiefer den Baum zu einem bestimmten, eigenartigen Wuchs anregt. Den Käfer deshalb gleich Gärtner zu nennen, ist für den menschlichen Gärtner nicht gerade schmeichelhaft.
Hier in der Fichte lebt der sogenannte Buchdrucker. Man nennt ihn auch Fichtenborkenkäfer. Außerdem führt er noch einen vornehmen lateinischen Namen, nämlich Ips typographus. Die Buchdrucker nennen sich ja auch Typographen. Wenn man die Borke von der Rinde entfernt, dann liegen die Fraßgänge bloß und bieten einen eigenartigen Anblick: wie gedruckt. Aber die Buchdrucker bedanken sich für den Namensvetter. Sie nehmen ihn in ihre Gilde nicht auf, denn dieser Käfer ist ein arger Waldverwüster.
In der Borke der Fichte waren feine

Löcher zu sehen. Dort hinein wollte der Doktor mit den Kindern. Er hatte drei Paar winzige Steigeisen konstruiert, hatte wieder seine Bakterienlampe bei sich, und die Wunderflasche war auch da. Um einem Loche näher zu sein, setzten sich die drei Abenteurer auf einen Ast der Fichte, und dann wurde die Wunderflasche herumgereicht.

Wenn das Wunderwasser durch den Körper rieselt, dann fühlt sich der Körper so unsicher, daß man sich nur mit Mühe halten kann. Aber bald war ein Festhalten nicht mehr notwendig. Der Ast wurde so dick und gewaltig, daß man gar nicht mehr herunterfallen konnte. Als Zwerge schnallten sich die drei die Steigeisen an, denn die Borke war sehr glatt. Wie auf einem Parkettboden konnte man auf ihr ausrutschen. Das wissen auch die Käfer, sie kommen schon mit winzigen Steigeisen an den Füßen zur Welt.

Die drei Abenteurer gingen vorsichtig den Ast entlang, bis sie den Stamm der Fichte erreicht hatten. Wo ist denn der Eingang zur Höhle des Buchdruckers? Da oben! Das wird ja eine schöne Kletterei geben. Der Doktor kletterte die Borke empor, angeseilt folgte ihm Traute, und den Schluß machte Dieter. Da fahren die Sportler in die Alpen oder in das Himalaja, um phantastische Gebirgswände zu erklettern, und wir haben die tollste Kraxelei in allernächster Nähe, mitten in Doktor Kleinermachers Garten. Wenn der Doktor einen sicheren Stand erreicht hatte, dann sicherte er das Seil, und Traute folgte ihm. Dieter jedoch hatte beim Doktor alle Furcht überwunden. Wenn man so viele Abenteuer erlebt, dann erscheint eine Kletterei wie diese ja puppenleicht. Ob in den Dolomiten oder auf der Fichte im Garten, es macht Spaß; Furcht und Schwindelgefühl hatte er sich längst abgewöhnt.

Der Doktor rief von oben: „Dieter, wie steht es? Kommst du gut mit? Kann ich mich auf dich verlassen?"

Dieter rief von unten: „Doktor, ich komm wunderbar voran!"

„Na, dann ist ja alles in Butter."

Endlich langten die drei am Eingangsloch des Buchdruckers an. Das Seil wurde zusammengerollt, und der Doktor brachte seine Bakterienlampe in Ordnung.

Vom Buchdrucker war nichts zu sehen. Leer und ohne Leben lag der Tunneleingang vor den drei Abenteurern. Bald war auch der kurze Tunnel zu Ende, und der Gang erweiterte sich zu einer kleinen Höhle. Aber auch diese war leer. Wo ist nur der Buchdrucker? Streikt er etwa?

Aber das Tunnelsystem war noch lange nicht zu Ende. Von der Höhle ging senkrecht nach oben und nach unten ein Schacht, der viel länger zu sein schien als der kurze waagerechte Gang zur Höhle.

Ehe aber die neue Kraxelei begann, erzählte der Doktor, warum der Buchdrucker nicht zu sehen war. Der dicke, walzenförmige Geselle mit dem harten Schädel und den kurzen, keulenartigen Fühlern, hatte hier im Frühling seine Wohnung. Im Frühling erwachte die Buchdruckerin, bohrte sich die

Höhle im Holz und feierte darin Hochzeit mit einem Gemahl. Von der Hochzeitshöhle fraß sie sich einen Schacht nach oben und unten, einen sogenannten Muttergang, legte an die Wände des Schachts viele Eier, und dann fühlte sie sich sehr schwach. Mühselig und krank verließ sie die Buchdruckerei, und draußen starb sie. Die kleinen Buchdrucker in der Höhle werden die Arbeit schon fortsetzen.
Hough! Der Doktor hatte gesprochen, und nun konnte die Kletterei beginnen. Die drei stiegen den Schacht empor, mit Seil und Steigeisen, und wie erstaunte Dieter, als er beobachtete, daß vom Schacht kleine Stollen abgingen.
„Doktor", wollen wir nicht in einen Stollen hineingehen?"
„Gemacht", antwortete der Doktor, am nächsten Stollen machten sie halt; rollten das Seil wieder zusammen und gingen in den waagerechten Tunnel hinein. Anfangs konnten sie nur gerade aufrecht gehen, aber je weiter sie kamen, desto größer und geräumiger wurde der Stollen.
An den Wänden des Mutterschachts hatte Frau Buchdruckerin ihre Eier abgelegt. Als die jungen Buchdrucker ausschlüpften, fraßen sie sich ihre Stollen. Da sie beim Fressen aber immer größer wurden, wurden auch die Gänge immer geräumiger. Zum Schlusse fertigten sie sich eine kleine Höhle, um sich in der Höhle zu verpuppen. Noch in diesem Jahr sollen die kleinen Käfer entstehen. Wenn es aber zu spät zur Hochzeit werden sollte, dann verschläft man eben den Winter und feiert die Hochzeit im nächsten Jahr.
Jetzt sahen die drei auch das Buchdruckerkind im Gange. Eine Made ohne Füße, so fraß sich der kleine Buchdrucker durch das Holz. Schade, daß man ihn nicht von vorn sehen konnte. Nach einiger Betrachtung forderte der Doktor zur Umkehr auf. Schon auf dem Hinweg hatte er beobachtet, daß ein fremder Gang in den Stollen einmündete, er schien von einem fremden Tier gebaut zu sein. Der Doktor wollte sich die Sache näher ansehen und ging hinein. Die Kinder folgten ihm. Als er aber umkehren wollte, fand er sich in dem Gewirr der Gänge nicht mehr zurecht, auch schien die Bakterienlampe schlechter zu brennen. Der Doktor suchte und tastete, und schließlich mußte er eingestehen: „Verirrt!" In den Gängen und Stollen der Fichte verirrt! „Das kann ja gut werden. Wenn wir hier wachsen, dann zersprengen wir ja den Baum! Ob unsere Körper den Druck aushalten? Aber noch ist unsere Zwergenzeit nicht abgelaufen, noch haben wir Hoffnung. Laßt uns also den Rückweg suchen. Wenn nur die Bakterienlampe brennen wollte. So ein Pech!"
Inzwischen war es ganz dunkel geworden. Die drei Abenteurer tasteten sich durch die schwarzen Tunnelgänge. Da meldete sich Traute: „Doktor, gibt es einen Käfer, der sich seine Holzwohnung mit Teppichen auslegt? Mir ist so, als ob ich über einen weichen Teppich gehe."
„Das wird ja immer verrückter.

Auch mir ist, als ob ich über einen Teppich gehe." Der Doktor bastelte so lange an seiner Bakterienlampe herum, bis sie endlich aufleuchtete. Ein feiner weißer Rasen bedeckte den Gang, er bestand aus kleinen Pilzen, die dicht beieinander wuchsen. Der Doktor wußte sofort Bescheid. Unter den Borkenkäfern gibt es sogenannte Ambrosiakäfer. Auch die graben sich ihre Gänge im Holz. Wie die Buchdrucker halten sie ihren Winterschlaf und feiern im Frühling auf dem Holzkorridor Hochzeit. Der arme Bräutigam kann nicht fliegen, und er stirbt bald nach der Hochzeit. Die Käferwitwe geht allein auf die Hochzeitsreise und sucht sich einen passenden Baum. Dort gräbt sie sich ihre Gänge und legt ihre Eier. Aber die Käferkinder können kein Holz verdauen, obgleich sie mitten im Holz leben. Das weiß die Käfermutter. Sie bringt in ihrem Magen Pilzsporen mit, die im Holzgang ausgesät werden. Ein feiner weißer Pilzrasen bedeckt bald alle Tunnelwände. Und von diesem Pilzrasen ernähren sich die Käferkinder. Sie grasen die Pilze ab und leben davon.

Früher glaubte man, auch diese Käfer ernährten sich wie die anderen Borkenkäfer nur vom Holz. Man hielt die Pilze für Holzausschwitzungen. Als man dann endlich die Pilze als solche erkannte, glaubte man immer noch an zufällige Erscheinungen. Man traute dem Käfer nicht zu, daß er sich als Gärtner betätige. Termiten und Ameisen, ja – die Tiere legen sich unterirdische Pilzgärten an, das wußte man schon

Das Weibchen des Borkenkäfers legt am Zentralgang entlang in Reihen seine Eier ab. Die ausgeschlüpften Larven finden ihre erste Nahrung in dem dichten Pilzrasen (im Bild unten). Danach beginnen sie ihre „Zeilen" seitlich in das Holz zu fressen.

– aber soll ein simpler Käfer das nachmachen können? Man glaubte nicht daran, bis man sich zuletzt doch davon überzeugen mußte.
Der Doktor hatte viel zu erklären, und als er fertig war, stellte Traute die Frage:
„Warum heißen denn nun die Tiere Ambrosiakäfer?"
„Das führt sehr weit zurück, Traute. Die Gelehrten haben fleißig griechische und römische Geschichte gelesen. Wenn sie nun Tiere oder Pflanzen benannten, dann wurden die Namen oft aus dem Altertum geholt. Nach der griechischen Sage aßen die Götter Ambrosia und tranken Nektar. Das war die Götterspeise, die nicht nur herrlich schmeckte, sondern auch ewige Jugend und Schönheit verlieh. Als einmal den Göttern alle Ambrosia- und Nektarvorräte fortgenommen wurden, da alterten sie schnell und wurden Greise. Aber dem Himmel sei Dank, die Götter kamen wieder zu ihrer Ambrosiaspeise und dem Nektargetränk. Den Pilzrasen hier im Tunnel verglichen nun die Gelehrten mit Ambrosia und nannten die Käfer Ambrosiakäfer. Ihr seht, auch Gelehrte haben poetische Neigungen."
Als Traute hörte, daß ihr Teppich eigentlich Speise, Ambrosia sei, trat sie viel behutsamer auf. Man geht ja auch nicht in den Menschenwohnungen auf Semmeln und Pfannkuchen spazieren. Aber wo steckt denn das Ambrosiakind? Vielleicht haben wir das Glück, das Käferbaby zu sehen?
Die drei Abenteurer gingen vorsichtig auf dem Pilzteppich entlang und gelangten schließlich in einen Hauptgang, der bedeutend geräumiger war. Aber hier hörte auch der Pilzbelag auf. Schon wollte der Doktor umkehren, da sah er in der Ferne eine Insektenlarve, die durch das Holz kroch. Immer nur konnten die Abenteurer die Tiere von hinten sehen, denn mit dem Kopfe wandten sie sich dem Holz zu, um fressend die Grabarbeit fortzusetzen. Die Larve des Ambrosiakäfers konnte der Bursche da vorn nicht sein, dazu war er viel zu groß. Aber die genaue Bestimmung gelang dem Doktor nicht, so dicht er auch an das Tier herantrat. Von vorn wäre die Bestimmung viel leichter gewesen. Aber die Larve tat dem Doktor nicht den Gefallen, sich umzudrehen. Er tippte auf eine Käferlarve, vielleicht war es auch die Larve der großen Holzwespe. Traute meinte, das Tier sehe wie eine Schmetterlingspuppe aus. Darüber lachte der Doktor, denn Schmetterlingsraupen fressen meist Blätter und kein Holz.
Noch waren die drei im Betrachten, als ein Geräusch ertönte. Es war, als ob ein feiner Bohrer draußen im Holz angesetzt würde. Wer will sich denn da ein Loch bohren? Armes Holz, armer Baum, von allen Seiten wirst du angeknabbert und angebohrt! Es ist ein Wunder, daß die Bäume überhaupt noch wachsen, so zahlreich sind die Baumschädlinge.
Jetzt wurde auch die dicke Larve unruhig. Ahnte sie einen Feind, wußte sie, daß ihr Gefahr drohe? Sie wollte rückwärts enteilen, aber da geriet das Holz über ihr schon in

Bewegung. Ein feiner Bohrer stieß hindurch und bohrte sich in das Raupenfleisch hinein. Wer da draußen will denn die Larve festnageln und aufspießen? Nur kurze Zeit war der Bohrer im Larvenfleisch, dann zog er sich wieder zurück und ward nicht mehr gesehen.

Ist die Larve tot? Davon kann keine Rede sein! Sie ist nur etwas gepiekt worden, es war eine lächerliche Verwundung, und die Larve war so munter wie vorher. Wer erlaubt sich denn so böse Scherze von außen mit seinem Dolch? Will da jemand die Tiere im Holz ärgern? Oder ist mit dem Bohrer etwas Gift hineingeträufelt worden? Dann ist es bestimmt nicht von schneller Wirkung, denn noch sind keine Anzeichen einer Vergiftung zu bemerken. Und wenn es Gift wäre, die Vergiftung wäre sinnlos, denn der Giftmischer da draußen kann ja seine Beute nicht fressen, die so tief im Holz verborgen lebt und langsam abstirbt. Die Kinder hatten ihre Mutmaßungen, konnten aber keine Lösung finden. Der Doktor erst klärte das Rätsel auf! Draußen sitzt eine Schlupfwespe in bunten Farben und mit langen, empfindlichen Fühlern. Mit den Fühlern zittert sie das Holz ab und wittert durch das dicke Holz hindurch die Larven im Baum. So fein ist die Nase, oder vielmehr der Fühler, daß er nicht nur die Larve wittert, sondern auch genau feststellt, wo sich die Larve aufhält und wie tief sie im Holze sitzt. Dann richtet die Schlupfwespe ihren Hinterkörper so steil nach oben, daß sie beinahe kopfzustehen scheint. Aus ihrem Hinterleib läßt sie einen Bohrer hervortreten, den sie tief in das Holz hineindrückt. Dabei kommt ihr Hinterleib immer mehr in seine gewöhnliche Lage. Bis sechs Zentimeter tief kann die Schlupfwespe ihren Stachel in das Holz senden. Hat der Bohrer die Larve erreicht und gestochen, dann schickt die Wespe durch ihren haardünnen Bohrer ein Ei hinab, das in die Larvenwunde hineinkullert. Das Schlupfwespenei entwickelt sich in der Larve zu einer kleinen, fußlosen Made, und diese frißt die lebende Larve von innen auf. Dabei handelt die Wespenmade so klug, als hätte sie Anatomie studiert. Sie frißt nicht die edlen Organe der Larve, sondern benagt nur die Fettvorräte, damit die Larve nicht vorzeitig stirbt. Aus der Käferlarve krabbelt zum Schluß eine fertige Schlupfwespe hervor.

„Als ich die Tierwelt studierte, mußte ich immer wieder staunen, was es alles für Arten von Wespen gibt. Als Kind glaubte ich, es gäbe nur e i n e Wespe. Später mußte ich erkennen, daß es Tausende und Abertausende von verschiedenen Wespenarten gibt, von verschiedenen Farben und verschiedenen Lebensweisen. Und eine ist immer interessanter als die andere. Über die Wespen könnte man dicke Bücher schreiben.

Aber nun genug, wir müssen heraus aus dem Tunnel! Lange genug waren wir auf dem Holzweg. Zwar scheint mir, daß wir noch genug Zeit zur Verfügung haben, aber sicher ist, hier drinnen dürfen wir auf keinen Fall vom Wachstum überrascht werden. Ich schlage vor, wir

suchen den Ausgang."
Diesmal irrten die drei Abenteurer nicht lange umher. Bald sahen sie von ferne das Tageslicht schimmern, sie gingen tapfer auf den Lichtschein zu, und schon lag vor ihnen der Ausgang des Holztunnels. Nun konnte ihnen nichts mehr geschehen. Die Gefahr war vorüber, mitten im Holz zu wachsen und dabei zu Tode gepreßt zu werden. An der Borke des Baumes entlang kraxelten sie wieder, bis sie einen Ast erreicht hatten. Auf dem Ast gingen sie entlang, um sich ein Plätzchen auszusuchen. Hier wollten sie ruhen, bis das Zwergendasein ein Ende hatte. Da sah der Doktor auf dem Ast ein Laubblättchen liegen. Vom Winde verweht, war es hier gelandet und ruhte sich auf dem Fichtenast aus. Ist das nicht eine geeignete Unterlage für die drei Abenteurer? Sie überlegten nicht lange, machten es sich auf dem Laubblatt bequem und schauten durch die Zweige der Fichte hindurch bis in den blauen Himmel. Schön ist die Welt, besonders wenn man sie sich als Zwerg anschaut. Süß auch das Nichtstun. Nach all den Abenteuern war diese Pause ein Genuß! Die drei lagen auf dem Laubblatt, sprachen kein Wort und genossen ihr Dasein. Wir sind etwas abenteuermüde. Bitte, nicht stören. Wir haben Zeit und wollen nichts mehr von Gefahren, von Kletterei und Mühsalen hören. Pustekuchen! Ein frischer Windstoß hob das Blatt, wirbelte es in der Luft umher, und die drei, die sich mit Mühe am Blattrande festhielten, mußten eine Luftreise machen. Da haben wir die Bescherung. Man soll nicht an Ausruhen denken, wenn man sich mit Doktor Kleinermacher auf einer Abenteuerfahrt befindet. Wohin soll die Reise nun gehen? Hoffentlich landet das Blatt nicht auf dem Wasser. Das wäre peinlich. Hat das Herumwirbeln in der Luft noch kein Ende? Vielleicht landen wir in Nachbars Garten. Wenn wir da wachsen und größer werden, befinden wir uns auf fremdem Grund und Boden und werden als Kirschdiebe betrachtet. Das kann ja schön werden. Oder wir landen auf irgendeinem Hause. Wer soll uns glauben, daß uns der Wind da hinaufgewirbelt hat? Schöne Sachen stehen uns bevor.
Klatsch! Da hatte die Luftreise schon ein Ende. Es ging noch alles gut. In einem Baum blieb das Blatt hängen, diesmal in den Zweigen eines Laubbaumes! Ob der Baum noch zu Doktor Kleinermachers Garten gehörte, konnte man als Zwerg nicht feststellen. Schnell das Blatt verlassen, ehe die Reise weitergeht.
Der Doktor suchte diesmal einen sicheren Platz aus.
„Doktor, was ist denn das?"
Dieter hatte etwas entdeckt und rief den Doktor herbei. Der hatte kaum die Erscheinung gesehen, als er schon erklärte.
„Kinder, der Baum ist voller Schildläuse."
„Pfui, Läuse! Wenn ich das nur höre, dann juckt es mich schon an allen Hautstellen."
„Keine Angst, Kinder! Zwar sind die Läuse schädlich, denn sie vermehren sich sehr stark und saugen

den Pflanzen die Säfte aus, aber die Schildläuse haben auch ihre guten Seiten. Laßt mich erzählen. So eine weibliche Schildlaus sucht die Pflanzen ab, bis sie einen geeigneten Futterplatz gefunden hat. Dann sticht sie mit ihrem Schnabel in die Pflanze hinein und saugt und saugt und verläßt nie mehr ihren Platz. Hier ernährt sie sich, hier feiert sie Hochzeit, hier wird sie Mutter, und hier stirbt sie. Sie wächst und wächst, wird immer größer, verliert ihre Beine und schwitzt Wachs aus, um einen größeren Schild über ihre Jungen auszubreiten, die sich ständig unter der Mutter aufhalten. Selbst wenn die Mutter tot ist, bedeckt der schildförmige Körper der Schildlaus mit der Wachsvergrößerung noch die Kinder. Eine tote Mutter beschützt ihre Kinder weiter, gibt mit ihrem Körper den Kindern ein Dach über dem Kopf. Die Mutterliebe der Schildlaus geht über den Tod hinaus.

Die Männchen der Schildlaus sind etwas kleiner, dafür aber bedeutend beweglicher. Ihnen wachsen ein Paar Flügel, mit denen sie die festgesaugte Mutter aufsuchen. Aber der Schnabel ist verkümmert, und sie müssen bald verhungern. Unter den Schildläusen ist der Vater ein armer Bursche, obgleich er fliegen kann.

Es sind interessante Tiere, die Schildläuse. In Mexiko wird sogar eine Art, Cochenille heißt sie, gezüchtet und gesammelt, denn die Tiere geben einen prächtigen roten Farbstoff ab. Mexiko hat viel Geld damit verdient.

Kinder, jetzt ist es mit dem Ausruhen vorbei! Wenn wir alt und grau geworden sind, dann können wir uns noch genug ausruhen. Die Luftreise hat mich wieder lebendig gemacht. Auf, zu neuen Abenteuern!"

Die Kinder waren einverstanden, denn auch sie hatten vergessen, daß sie eigentlich abenteuermüde waren. So kletterten sie im Gezweig des Baumes umher und suchten nach Merkwürdigkeiten.

Jetzt hatte Traute etwas entdeckt. Knollenartige Anschwellungen an den Blättern erregten ihre Aufmerksamkeit.

„Das sind sicher Galläpfel. Ich weiß schon, Doktor, die Gallen werden von der Gallwespe erzeugt. Die sticht in die Blätter hinein, und dann wachsen solche dicken Galläpfel an den Blättern."

„Das kann so sein, das muß aber nicht so sein. Es gibt nämlich Tausende von verschiedenen Gallen und Tausende von verschiedenen Tieren, die solche Gallen verursachen. Wenn ich euch die Tiere alle aufzählen wollte, ich würde kein Ende finden. Selbst Pflanzen erzeugen auf Pflanzen Gallen, nämlich die Pilze und Bakterien. Dann gibt es Würmer, die Gallen verursachen. Kennt ihr noch das komische Rädertierchen von unserer Fahrt unter der Erde? Auch das Rädertierchen erzeugt solche Gallen. Selbst eine Krebsart betätigt sich auf diese Art an einer Meeresalge. Kinder, ich finde kein Ende und habe noch gar nicht angefangen. Da gibt es Milben, Blattläuse, Käfer, alle, alle betätigen sich als Gallenerzeuger.

Kennt ihr den krankhaften Wuchs an Bäumen, den man Hexenbesen nennt? Die Zweige wachsen so dicht und so verkrüppelt, daß die Hexenbesen jedem auffallen. In den Zweigen schmarotzt ein Pilz, der die Pflanze zu diesem Wuchs anregt. Auch die Hexenbesen rechnen die Naturforscher zu den Gallen. An Weiden wachsen Blätter manchmal so rosettenartig, so blütenähnlich, daß die Leute von Weidenröschen sprechen. Es sind gar keine Blüten, eine Gallmücke hat den Baum gestochen, und darauf wuchs als Krankheit das Weidenröschen. An den Rosenblättern wachsen Gallen, die heißen Schlafäpfel. Kinder, Kinder, es gibt so unheimlich viele Gallensorten. Schon an der Eiche kommen hundertfünfzig verschiedene vor. Und dabei geht meist jedes Tier nur an eine bestimmte Pflanzenart.

Wie kommt eigentlich eine solche Galle zustande?

Meist ist es so, daß, sagen wir mal, eine Gallwespe ein Blatt sticht und ihr Ei in die Blattwunde fallen läßt. Dabei wird ein bestimmter Stoff in die Wunde geträufelt, und die Galle fängt an zu wachsen. Der Gallapfel wird immer größer und größer, und das Wespenkind in der Mitte des Gallapfels in der Larvenkammer frißt und frißt und wird auch immer größer. Aber als ob die Pflanze das Wespenkind ernähren will, so führt sie der Galle immer mehr Nährstoffe zu.

Wenn die Wespe sich gut entwikkelt hat und die Galle verlassen will, dann knabbert sie sich entweder durch die Wand nach außen oder verpuppt sich in dem Gallapfel oder – auch das kommt bei verschiedenen Arten vor – die Galle öffnet sich von selbst. Bei einer Art öffnet sich die Galle sogar wie eine Weinflasche und stößt einen Pfropfen aus, der den Ausgang freigibt. Die Pflanze wurde gezwungen, gut für das Tier zu sorgen.

Aber auch hier gibt es betrogene Betrüger. Manche Tiere können keine Gallen erzeugen. Sie schmuggeln ihre Eier in fremde Gallen, und die Eindringlinge fressen dann die rechtmäßigen Mieter auf und lassen sich von der Pflanze weiter ernähren.

Eine Schlupfwespe, ihr Name ist „Pfeifenräumer“, bohrt zielsicher eine Raupe im Fraßgang an. Mit ihren Fühlern hat sie zuvor das Tier tief im Holz geortet.
Oben im Bild hängen an Eichenblättern die Gallen der Eichengallwespe.

Die Wissenschaft hat schon oft versucht, herauszubekommen, woraus denn eigentlich der Stoff besteht, der die Pflanze zum Gallenwachstum anregt. Man hat es mit allen möglichen Chemikalien versucht. Alles umsonst. Die Natur hat sich das Geheimnis noch nicht entlokken lassen."

Traute fragte: „Doktor, macht man die Eisengallustinte aus Galläpfeln?"

„Das hat man früher mal gemacht. Jetzt wird unsere Tinte anders bereitet. Nur die Urkundentinte wird heute noch aus Galläpfeln bereitet, weil sie nämlich kräftiger ist und so leicht nicht entfernt werden kann."

Da wußte Dieter Bescheid: „Jetzt kann ich mir alles erklären. Einmal, als ich Schularbeiten machen mußte, kippte ich das Tintenfaß um. Hat Mutti da geschimpft! Aber mit viel Schweiß und Seife bekam sie die häßlichen Tintenflecke doch noch heraus. Darüber hat sich Mutti am meisten gewundert. Zu ihrer Zeit, sagte sie, bekam man keinen Tintenfleck mehr aus der Wäsche. Ein Glück, daß ich die Schularbeiten nicht mit Urkundentinte geschrieben habe."

Jetzt wollte der Doktor den Gallapfel genauer untersuchen. Er wollte feststellen, welches Tier denn eigentlich hier in der Larvenkammer wohnte. Er beugte sich über den Gallapfel, doch da setzte bei allen dreien das Wachstum ein. Sie fielen von dem Blatt herunter, im Fallen wuchsen sie und wurden immer größer, und schließlich standen sie als große Menschen auf dem Erdboden. Wo sind wir denn?

Dem Himmel sei Dank, die Luftreise hatte sie nicht in den Garten des Nachbarn entführt. Sie standen mitten im „deutschen Wald" des Doktor Kleinermacher. Na, das ging ja noch mal gut. Es wäre peinlich, wenn man in Nachbars Garten stände und den Nachbarn bitten müßte, doch das Tor aufzuschließen. Der Wind hätte sie hinübergepustet. Der Nachbar hätte gelacht, vielleicht auch geschimpft und gefragt, ob denn das fremde Obst besser schmeckt als das eigene. Vom Winde hergepustet. Wer soll denn so etwas glauben.

Als die drei ihre Sachen packten, um heimzufahren, stöhnte Traute mit einem Mal.

„Was hast du denn, Traute?"

„Ach, Doktor, ich denke darüber nach. Es gibt so unheimlich viel Tiere. Wer soll sich denn all die Namen merken? Kennst du denn eigentlich alle Tiere nach Namen und Aussehen?"

„Ich? Nein, Traute, kein Mensch kennt alle Tiere, selbst die nicht, die in seiner Heimat vorkommen. Es sind noch nicht einmal alle entdeckt worden. Immer wieder werden neue Wespenarten gefunden. Nein, Traute, auch ich kenne nicht alle Tiere unserer Heimat."

„Na! Ich dachte schon, ich müßte alle Tiere auswendig kennen, die in unserer Heimat vorkommen."

Da lachte der Doktor Kleinermacher. „Auch im Großen Brehm stehen nicht alle Tiere unserer Heimat, und wer wollte den Brehm auswendig lernen?"

Dieter macht sich selbständig

Kaum waren die Kinder wieder in Doktor Kleinermachers Garten, da wollte Dieter auch schon zu den Gemüsebeeten. Wer hätte das von Kraut, Kohl und Rüben gedacht, daß es darüber so viele interessante Geschichten gibt?

„Zum Beispiel hier der Rettich, Doktor, was ist mit dem los? Hat den der Kolumbus aus Amerika mitgebracht, oder haben Ali Baba und die vierzig Räuber Rettiche schon angepflanzt?"

Der Doktor lächelte über Dieter, denn er freute sich, daß der Junge so wißbegierig war, und er freute sich auch, daß er wieder – erzählen konnte.

„Der Rettich war schon lange vor Kolumbus da. Den haben schon die alten Germanen gesät und gepflanzt. Da gab es in Rom einen Naturforscher, Plinius mit Namen. Der schrieb über alle Pflanzen und Tiere seiner Zeit. Wo es etwas Interessantes gab, da wollte Plinius dabeisein. Beim Ausbruch des Vesuvs konnte er auch nicht dicht genug an die Unglücksstätte herankommen. So mußte er denn sterben, ein Opfer seiner wissenschaftlichen Neugier. Dieser Plinius hat auch etwas über den Rettich geschrieben. Er sagte, daß in Germanien die Rettiche so groß wie Kinderköpfe würden.

Hier, schaut euch meine Mohrrüben an. Die sind auch nicht zu verachten. Über die Mohrrüben hat derselbe Plinius auch etwas geschrieben. Nach ihm hat sich angeblich der römische Kaiser Tiberius seine Möhren ausschließlich aus Germanien kommen lassen, die hätten ihm am besten geschmeckt.

Sagt mal, kennt ihr eigentlich Schwarzwurzeln? Hier stehen sie. Ich werde mal eine herausreißen. Seht, solche lange Wurzeln haben die Pflanzen. Die Wurzeln schmekken ungefähr wie Spargel. Nur haben sie noch einen würzigen Beigeschmack. Ihr müßt sie mal probieren, ich bin begeistert von ihnen.

Und hier meine Kartoffeln. Da haben wir wieder etwas aus Amerika. Der berühmte Seefahrer und englische Admiral Drake soll die Kartoffel von drüben mitgebracht haben. Drake war ursprünglich ein Pirat, ein Großpirat und Großkaufmann mit Geschäftseinlagen. Man konnte sich in England Anteilscheine am Erfolg des Piratenfanges kaufen. Später machte ihn dann seine Königin Elisabeth zum Admiral der englischen Flotte. Ja, auch bei der Kartoffel könnt ihr Geschichte lernen. Francis Drake nun soll die Kartoffel nach Europa gebracht haben. So steht es noch in vielen Lehrbüchern. Doch kann diese Geschichte nicht ganz stimmen. Die Kartoffel nahm einen anderen Weg nach Europa! Nach der Entdeckung Amerikas kam sie zuerst – nach Spanien. Von da wanderte sie nach Italien. In Italien meinte man, die Kartoffeln hätten eine Ähnlichkeit mit den Trüffeln. So nannte man die Knollen Tartufoli. Aus Italien kamen nun die Knollengewächse nach Deutschland, und aus Italien holte man auch den Namen der Pflanze. Sie hieß anfangs ‚Tartuffel'. Daraus ist dann ‚Kartoffel' geworden. Aber es dauerte noch lange, bis die Kartoffel Volksnahrung wurde. Im Berliner Lustgarten, der war damals wirklich noch ein Garten, pflanzte man die Kartoffel wie eine Zierpflanze an. Zur Zeit des Soldatenkönigs gab es Kartoffeln nur zu feinen Suppen. Friedrich der Große hatte seine liebe Not, seine Bauern von dem Werte der Kartoffel zu überzeugen. Er stellte ihnen unentgeltlich Saatkartoffeln zur Verfügung, aber die Bauern pflanzten das komische Zeug nicht an. Die Kartoffeln haben sich erst langsam das Land erobert. Im Jahre 1783 konnte Matthias Claudius schon ein Lob- und Preisgedicht auf die Kartoffel dichten. Ihr kennt doch Matthis Claudius, den Dichter des Gedichtes ‚Nun ruhen alle Wälder'. Dieser Claudius dichtete auch das Kartoffellied. Kennt ihr es schon?

Ich kann es sogar auswendig:

Pasteten hin, Pasteten her,
Was kümmern uns Pasteten?
Die Kumme hier ist auch nicht leer,
Und schmeckt so gut als bonne chère
Von Fröschen und von Kröten.
Schön rötlich die Kartoffeln sind
Und weiß wie Alabaster!
Sie däu'n sich lieblich und geschwind
Und sind für Mann und Frau und Kind
Ein rechtes Magenpflaster.

Ist das nicht ein Gedicht? Wenn ich Kartoffelpuffer esse, dann muß ich immer an Matthias Claudius denken. Kinder, das ist eine Idee, wir machen uns heute Kartoffelpuffer!"

„Au ja!" rief Traute: „Du, Doktor, schälst die Kartoffeln, Dieter reibt sie, und ich brate die Puffer."

„Gemacht, Traute, wir wollen uns nachher noch ein paar große Kartoffeln aussuchen. Aber jetzt habe ich noch ein klein wenig zu erzählen.

Habt ihr schon mal darüber nachgedacht, warum eigentlich aus den Knollen die Pflanzen wachsen?"

„Natürlich. Die Knollen sind die Samen. Aus Samen wachsen doch immer Pflanzen."

„Leider stimmt das nicht. Die Samen entwickeln sich doch aus der Blüte. Habt ihr schon einmal eine Kartoffelblüte gesehen, die unter der Erde ihre Farben entfaltet? Aus der wirklichen Blüte der Kartoffel kommen die grünlichen Beeren, die wie kleine Tomaten aussehen. Die Knollen aber sind Teile des Stengels. Ja, was sage ich denn da? Sind die Knollen nicht Teile der Wurzel? Schon wieder so eine Verrücktheit der Botaniker. Die Knollen gehören nämlich zum Stengel, zum unterirdischen Stengel. Darum tragen die Knollen auch kleine verkümmerte Blättchen. Die ‚Augen' der Knollen sind die verkümmerten Blättchen. Wird eine Knolle dem Sonnenlicht ausgesetzt, dann färbt sie sich grün und wird giftig.
Jetzt genug von den Kartoffeln. Traute, such mal im Stall nach schönen großen Kartoffeln. Wir

braten uns jetzt Kartoffelpuffer."
Hurra! Das ließen sich Traute und Dieter nicht zweimal sagen. Der Doktor schälte die Knollen in der Laube, Dieter rieb die Kartoffeln auf der Reibe zu Brei, und die kleine Traute füllte den Brei auf die Fettpfanne. Das Fett knisterte und spritzte, und dem Dieter lief das Wasser im Munde zusammen. Ha, so herrlich gebräunte Puffer, frisch von der Pfanne und dann Zucker darüber gestreut – das ist ein Göttermahl! Was haben die alten griechischen Götter gegessen? Ambrosia? Die haben noch keine Kartoffelpuffer gekannt, sonst hätten sie die Ambrosiaspeise stehengelassen. Und Nektar sollen die Götter dazu getrunken haben. Wir trinken heißen Kaffee dazu, Kaffee mit Milch. Prosit, ihr Götter!
Und Dieter aß, bis ihm das Fett die Backen herunterlief und er sich schweratmend den Bauch hielt.
„Doktor, ich gehe jetzt schlafen. Ich bin ja so faul. Wir wollen das Abenteuer vertagen. Ach, bin ich müde... Doktor, was fliegt denn da für eine große Wespe nach dem Zuckerteller? Das ist doch eine Hornisse. Hilfe, Doktor! Ich habe gehört, drei Hornissenstiche können schon einen Menschen töten. Doktor, was mach' ich bloß!"
„Nur stillsitzen, dann tut dir die Hornisse nichts."
Richtig, die Hornisse naschte im Zuckerteller, dann brummte sie noch etws durch die Laube, und schließlich flog sie zum offenen Fenster hinaus. Das ging ja ganz gut ab. Hätte Dieter wild um sich gefuchtelt, wie es sonst die Kinder tun, dann hätte er einen Stich bekommen, und ein Hornissenstich ist nicht von Pappe. Der wirkt ganz anders als ein Bienen- oder Wespenstich.
„Doktor, ich habe eine Idee. Wir besuchen ein Hornissennest."
„Du warst doch vorhin so müde, Dieter –?"
„Ja – vorhin! Aber jetzt bin ich wieder ganz wild auf ein Abenteuer! Ein Hornissennest, das ist eine pfundige Sache!"
„Dieter, mir ist die Sache zu gefährlich. Die Hornissen sind wilde Tiere. Sie überfallen Insekten aller Größen und töten sie. Wir kommen aus dem Hornissennest nicht mehr gesund heraus. Und die Chitinrüstung möchte ich nicht mehr anziehen. Man schwitzt ja Blut und Wasser, wenn man mit dem Insektenpanzer spazierengeht. Viel Neues können uns die Hornissen auch nicht bieten. Nach ihrem Aussehen und ihrer Lebensweise sind sie eigentlich weiter nichts als vergrößerte Wespen.
Wie bei den Wespen und Hummeln überwintert eine Hornissenmutter und gründet im Frühling einen neuen Staat. Irgendwo, an einem Balken, in einem leeren Bienenkorb oder in einem hohlen Baum beginnt die Grundsteinlegung des Nestes. Das Baumaterial holt sich die Hornissenmutter von den Bäumen. Die grüne Rinde wird abgeschält, besonders gern von den Eschenbäumen, mit Speichel verarbeitet, auseinandergezupft, und dann werden die sechseckigen Zellen daraus gebaut. Auch hier liegen die Öffnungen nach unten. Wenn

die Hornissenmutter ein Ei legt, dann klebt sie es oben in der Zelle an. Wie bei den Wespen erhalten die Larven zerkaute Insekten als Nahrung. Die Hornissen überfallen Tiere, töten sie und legen sie den Hornissenkindern vor. Ich habe mal ein Hornissennest beobachtet und habe versucht, die kleinen Hornissenlarven mit Honig zu füttern. Den Honig nehmen sie auch an, die Hornissenkinder sind also keine strengen Fleischfresser.
In der Zelle verpuppen sich dann die Larven, spinnen einen Deckel über die Zelle, und dann kriechen nach einigen Wochen die fertigen Hornissen hervor. Zuerst sind es nur Arbeiterinnen, also unfruchtbare Weibchen, die die Zellen verlassen. Sie helfen der Hornissenmutter beim Zellenbau, bei der Nahrungsbeschaffung und bei der Pflege der Kinder. Im Herbst aber werden echte Weibchen und Männchen geboren, dann gehen die Hornissen auf die Hochzeitsreise. Die Männchen, die Arbeiterinnen und die große Hornissenmutter sterben dann, nur die werdenden Mütter überwintern irgendwo in einem Versteck, und im Frühling geht die Sache von vorne los. Da gibt es nichts Neues mehr bei den Hornissen, das haben wir alles schon bei den Wespen gesehen."
„Na, dann gute Nacht, Doktor, ich bin jetzt wirklich müde. Wahrscheinlich habe ich zuviel Kartoffelpuffer gegessen. Ich lege mich draußen ins Gras und schlafe."
Dieter ging, suchte sich im Grünen einen Sonnenplatz aus, und der Doktor blieb mit Traute in der Laube. Die kleine Traute betätigte sich als Hausfrau, wusch das Geschirr ab, und der Doktor trocknete die Teller und Schüsseln ab. Dann wurde alles in den Schrank gestellt, und beide summten fröhlich ein Lied bei ihrer Arbeit. Traute fühlte sich wohl, daß sie sich als Hausfrau betätigen konnte, daß sie für zwei Männer zu sorgen hatte. Da fiel ihr ein, daß Dieter, der Faulpelz, sich auch nützlich machen könnte. Die Nacht ist zum Schlafen da, am Tage kann er seine Kräfte zeigen. Dieter soll Holz hauen, damit zum nächsten Sonntag wieder Kleinholz zum Feuern da ist. Sie verließ die Laube und ging hinaus, um Dieter zu rufen. Voller Schrecken kam sie wieder zurück: „Doktor, Dieter ist verschwunden!"
„Nanu!"
„Ja – da im Rasen lag er noch vorhin. Jetzt ist der Platz leer, und im Garten ist er auch nicht zu sehen. Dabei ist das Gartentor verschlossen. Wo kann er nur sein?"
Der Doktor ging auch hinaus. Dann rief er plötzlich der Traute zu: „Stillstehen! Ganz stillstehen!"
„Kommt wieder eine Hornisse?"
„Nein – aber ich sehe da die Wunderflasche. Dieter hat sie sich heimlich mit hinausgenommen, auch davon getrunken, und nun geht er allein auf Abenteuer aus. Du mußt ganz stillstehen, Traute! Wie leicht können wir Dieter jetzt verletzen. Vielleicht hast du vorhin beim Suchen im Garten schon den Dieter zertreten? Dann wird er nie mehr wachsen, und wir müssen den armen Eltern Nachricht geben, daß Dieter tot ist. Traute, ich habe

Angst um unseren Dieter."
Traute begann vor Kummer zu weinen. Der Gedanke war schrecklich, daß sie vielleicht Dieter nicht mehr sehen sollte. Aber sie standen beide ganz still und bewegten sich nicht. Vielleicht lebt der Dieter noch, nur nicht bewegen! Wenn doch dem Dieter bloß nichts geschieht!
Dieter hatte sich tatsächlich die Wunderflasche heimlich mit hinausgenommen. Er legte sich ins Gras, zögerte noch, so ungezogen zu sein und allein auf Abenteuer auszugehen, und wollte doch noch brav einschlafen. Da sah er am Fliederstrauch zu seiner Linken eine Menge Feuerwanzen herumkrabbeln. Kann man sich die Tiere nicht von nahem besehen? Die Versuchung war zu groß. Dieter tat einen kräftigen Schluck aus der Wunderflasche und wurde kleiner und kleiner.
Jetzt wurden die Grashalme wieder so groß wie Palmen, und der Zwerg Dieter steuerte dem Gekrabbel der Feuerwanzen zu.
Prächtig waren sie anzusehen. Rot und Schwarz vereinten sich zu schönen Ornamenten.
Sehr eilig war ihr Lauf nicht, manchmal blieben sie in der prallen Sonne stehen, als ob sie sich sonnen wollten. Dann gingen sie wieder auf und ab, in regellosem Gekrabbel. Im Ameisenhaufen herrscht auch scheinbar ein unordentliches Drunter und Drüber. Wer aber den Ameisenstaat kennt wie Dieter, der weiß, daß da schon Ordnung ist im Ameisenverkehr. Die Feuerwanzen aber haben keine Gemeinschaft, keine Ordnung, nur eine Geselligkeit.
Wozu sollen sich die Feuerwanzen auch ordnen? Sie feiern Hochzeit, setzen Junge in die Welt, und wenn sie Hunger haben, dann fressen sie. Ihre Nahrung wollen sie sich aber nicht erobern. Wenn ein totes Tier irgendwo herumliegt, dann saugen sie der Leiche die Säfte aus. Bewegt es sich noch, dann rücken die bunten Wanzen aus. Nur nicht mutwillig in Gefahr begeben! Tapferkeit ist eine unbekannte Eigenschaft unter Feuerwanzen. So farbenprächtig die Tiere auch aussehen, Dieter langweilt sich bald unter ihnen. Daß sie ungefährlich sind, hatte er bald heraus. So legte er sich denn lang hin und wartete auf das nächste Abenteuer.
Und das Abenteuer kam, ein Abenteuer auf sehr langen dünnen Beinen. Ein Weberknecht spazierte heran. Die Weberknechte sind Spinnentiere, aber keine echten Spinnen. Daher zählen die Zoologen sie zu den Afterspinnen. Wäh-

Zum Bild auf den nächsten Seiten:
Die langen, fadendünnen Beine des Weberknechtes (rechts) werden bis in die äußersten Spitzen zu feinsten Muskelsträngen präzise bewegt. Die schönen Formen des Tieres zeigen sich erst mit einer starken Lupe.
Links im Bild sind schöngezeichnete Feuerwanzen beim „Aufräumen" eines toten Maikäfers.

rend die echten Spinnen sehr angriffslustig sind, ist der Weberknecht sehr furchtsam. Auch kann er keine Netze spinnen wie seine Verwandten.
Mit seinen überaus langen Beinen kam der Weberknecht heran. Sie waren viel zu lang für den kleinen Körper. Beim Laufen bewegte sich der Körper wie eine Luftschaukel auf und nieder. Das sieht sehr komisch aus für uns Menschen. Für den Zwerg Dieter machte das Ganze aber einen schrecklichen Eindruck. Kommt da ein Feind an, ein Ungeheuer, das mich verschlingen will? Um alles in der Welt, das Ungetüm bewegt sich ja gerade auf mich zu. Der Schreck saß Dieter in den Gliedern, und der Schreck war so groß, daß er nicht fliehen konnte. Dieter wurde sehr blaß, und der Angstschweiß brach ihm aus allen Poren. Warum nur bin ich allein auf Abenteuerfahrt gegangen! Wenn der Doktor bei mir wäre, dann wüßte er sicher ein Mittel gegen das schreckliche Ungetüm.
Der Weberknecht änderte noch immer nicht seine Richtung. Jetzt trat das Spinnentier näher, und ein Bein setzte sich schon neben Dieters Körper nieder, ein schreckliches, langes, dünnes Bein. In seiner Angst ergriff Dieter das Spinnenbein, hielt sich ganz fest daran und schrie, so laut er konnte.
Jetzt erst bemerkte der Weberknecht den lächerlichen Zwerg. Aber das Spinnentier hatte noch viel größere Angst als Dieter. Sofort machte es kehrt und begab sich auf die Flucht. Hilfe, hier bewegt sich etwas! Rette sich wer kann! Aber Dieter in seiner Furcht hielt das Spinnenbein fest, als ob er einen Rettungsanker gefunden hätte. Der Weberknecht überlegte nicht lange. Die Hauptsache ist, der Körper befindet sich in Sicherheit. Von den Beinen sind ja so viele da, acht Stück. Kurz entschlossen riß sich der Weberknecht sein Bein aus und schaukelte im Eiltempo von dannen. Mit sieben Beinen läuft es sich auch noch ganz gut. Dem Himmel sei Dank, der kleine Zwerg rennt nicht hinter mir her. Das ist noch mal gut gegangen... Und bei der Flucht wippte der Spinnenkörper auf und nieder.
Dieter war sprachlos. Er hielt ein langes, dünnes Spinnenbein in der Hand, und das schreckliche Ungetüm war verschwunden. Jetzt schämte er sich, daß er vor Furcht so gebrüllt hatte. Ein Glück, daß Traute ihn in dieser Situation nicht beobachten konnte.
Aber was ist denn das? Das Spinnenbein bewegt sich ja. Es zuckt hin und her und scheint lebendig zu sein. Will denn das Spinnenbein auch noch fliehen, will es dem Weberknecht nachlaufen? Das ist ja furchtbar! Dieter war voller Schrecken, er warf das Spinnenbein fort und mußte dann noch sehen, wie das lange, dünne Bein auch auf dem Erdboden noch zuckte. Das war zu viel. Spinnen, die Angst haben, das geht ja noch in Ordnung, aber ausgerissene Spinnenbeine, die noch lebendig bleiben? Dieter schrie wieder auf und rannte in der entgegengesetzten Richtung davon.
Armer Dieter! Wärst du doch beim

Doktor Kleinermacher geblieben. Der hätte dir erzählt, daß die Weberknechte furchtbar feige sind. Lebende Tiere greifen sie überhaupt nicht an. Wohl naschen sie an toten Insekten, solange sich aber noch ein Fliegenbein regt, wagen sich die Weberknechte nicht einen Schritt näher. Meist schleichen sie auch nur nachts umher. Und das ausgerissene Spinnenbein wird sich auch noch beruhigen. Zu viele Nervenstränge gehen durch das Bein, daher bleibt es noch lange lebendig. Ein Schmerz war es für die Spinne nicht, ein Bein zu verlieren. Die meisten Weberknechte haben schon irgendwo ein oder zwei Beine verloren.

Im Rennen sah Dieter vor sich eine riesige dicke Säule, die weit, weit in den Himmel hineinragte. Ist das ein Baum? Aber nein, das ist ja Doktor Kleinermachers Bein! Er schrie, so laut er konnte: „Doktor!"

Aber die Säule bewegte sich nicht. Da steht ja auch das andere Bein. Dieter kletterte mühselig auf Doktor Kleinermachers Schuh, dann zupfte er den Doktor am Hosenbein. So sehr er auch zerrte und zog, der Doktor bewegte sich nicht. Ist er denn taub und gefühllos? Schläft er im Stehen?

Dieter kroch dem Doktor unter das Hosenbein, kletterte den Strumpf empor und versuchte jetzt, die Haut des Doktors zu kitzeln. Aber der Doktor bewegte sich nicht. Was kann man da nur beginnen, um ihn darauf aufmerksam zu machen, daß hier unten sein Dieter herumkrabbelt? Mit der Faust schlug er gegen das Bein und trommelte, so stark er konnte, mit beiden Fäusten. Der Doktor rührte sich nicht.

Eben wollte Dieter darüber nachdenken, was er noch anfangen könnte, als das Prickeln und Zukken im eigenen Körper einsetzte. Heiliger Bimbam, jetzt fang' ich in Doktor Kleinermachers Hosenbein zu wachsen an! Ich werde ihm dabei das ganze Hosenbein zerreißen. Dieter ließ sich fallen, kullerte den Strumpf entlang, fiel auf den Schuh und von da aus auf die Erde.

Der Doktor hatte von alledem nichts bemerkt. Dieter war zu klein, seine Faustschläge hatte der Doktor überhaupt nicht gespürt. Als Dieter aber größer wurde und über den Strumpf kullerte, da war es dem Doktor doch so, als ob ein Tier einen Besuch in seinem Hosenbein machen wollte. Er wollte sich kratzen und sagte: „Himmel, was beißt mich da?" Aber dann sah er Dieter, der ihm vom Erdboden her entgegenwuchs.

Da haben aber Traute und der Doktor den Dieter ins Gebet genommen! Ob er sich nicht schäme, so das Vertrauen des Doktors zu mißbrauchen? Das sei keine Freundschaft mehr, das sei ein ganz gewöhnlicher Dummerjungenstreich.

Dieter stand mit gesenktem Kopf dabei und schämte sich sehr. Als ihm dann ein paar Tränen über die Backen kullerten, da zupfte Traute den Doktor am Rock: „Laß gut sein, Doktor, er hat schon genug bekommen. Es tut ihm jetzt wirklich weh. Er wird es ganz bestimmt nicht wieder tun."

Und Dieter ging auch nie wieder allein auf Abenteuerfahrt.

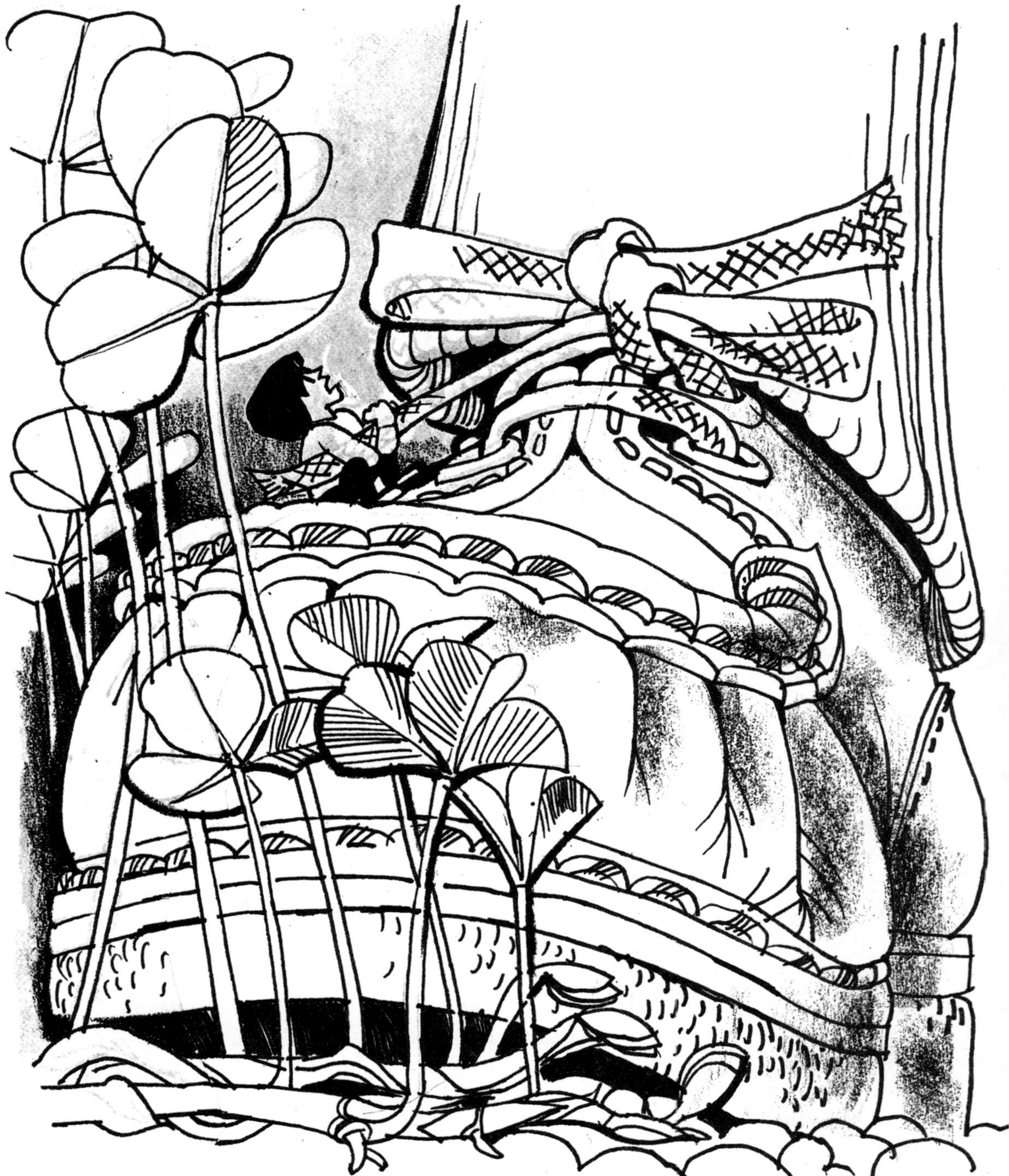

Doktor Kleinermachers gewaltiger
Gartenschuh, zwischen Wiesenklee.

Tiere, die reichlich angeben

Der Doktor war Dieter noch lange etwas böse. Oftmals hielt er dem Jungen eine „Standpauke“, wie Dieter sagte, und Dieter war dabei immer sehr beschämt.
Wie konnte er auch nur! Wie leicht hätte ihm ein Unglück zustoßen können! Zum Beispiel, wenn der Doktor oder Traute ihn getreten hätten –? Der Doktor entwickelte seine Lebensphilosophie, sooft er mit dem Jungen sprach. Wenn Menschen gütig sind, sie sich freundlich zeigen, sie schüchtern sind, dann glaubt jeder ein Held zu sein, sobald er dem freundlichen Menschen entgegentritt. Dagegen ducken sich die gleichen Helden, wenn ihnen ein frecher, anmaßender Mensch entgegentritt. Das kann man schon in der Schule beobachten. Die Schwächlinge unter den Kindern werden gehänselt und geschlagen. Die Schneeballschlacht geht immer gegen die Mädchen, gegen die „Gummipuppen“. Die Mädchen müssen flüchten, wenn sie aus der Schule kommen und in den Straßen Schnee liegt. Was ein richtiger Junge ist, der soll doch mal einem echten „Rabauken“ gegenübertreten. Der Doktor will ja gar nicht eine Jugend ohne Keilerei. Aber keinen hinterlistigen Angriff, nicht unter Hallo mit der großen Menge auf den schwächsten Jungen aus der Klasse. Was hatte das alles mit Dieters Extratour zu tun?
Der Doktor war immer freundlich, immer gütig zu den Kindern. Er gebrauchte nie ein hartes Wort. Nun dachte sich Dieter, er könne sich alles mit dem Doktor erlauben. Der Doktor ist zu gut, um böse zu werden. Aber gerade deshalb sollte Dieter den Doktor doppelt achten!
Dieter wurde butterweich, wenn er den Doktor so sprechen hörte. Er hatte längst sein eigenmächtiges Handeln bereut. Für ihn stand es fest: Nie wieder gegen den Doktor! Und als Traute bat, ihren Freund wieder als guten Kameraden anzuerkennen, da schloß der Doktor wieder Freundschaft mit dem Jungen. Die drei wurden wieder einig und gingen mit doppelter Lust auf das nächste Abenteuer zu.
Zur Versöhnung wurde im Garten des Doktors wieder Wunderwasser getrunken. Sie standen alle drei auf dem Rasen, und der Doktor sagte: „Prost!“ Dann trank Dieter und zum Schluß Traute. Es ist wieder alles in Ordnung. Und alle Gedanken über den Zwist wurden vergessen, als das Kleinerwerden sich in den Körpern ankündigte. Das zog und riß wieder, und dann wurde die Welt so groß, die Bäume wuchsen in den Himmel, und die Gräser wurden zu Bäumen. Der Doktor hatte wieder drei große Schutzschirme angefertigt, und drei kleine Gewehre dienten zur Abwehr gefährlicher Angriffe.
Diesmal wurden die Kinder nur so

klein wie Streichhölzer. Sie kamen daher im Gelände gut voran. Kaum hatten alle drei ihre Gewehre in den Händen, und kaum hatten sie die Schutzschirme ergriffen, da nahte auch schon mit Gebraus eine Fliege und ließ sich auf Traute nieder.

Die Sache fing ja gut an. Ist das etwa eine Raubfliege? Dieter fragte nicht lange, ergriff sein Gewehr und wollte auf die Fliege anlegen. Aber so schnell die Fliege gekommen war, so schnell verschwand sie auch wieder. Sie hatte Traute nichts getan, nur ein niedliches kleines Osterei hatte sie auf Trautes Kleid gelegt, das dort wie angeklebt befestigt war. Eine Fliege legt Ostereier! Traute hatte sich von ihrem Schreck erholt und jauchzte jetzt auf. „So eine niedliche Fliege, kommt angeflogen, schenkt mir ein Osterei und fliegt wieder davon, ehe ich dankeschön sagen kann."

Aber der Doktor war anderer Meinung: „Das Osterei ist kein Geschenk. Auch haben wir keinen Anlaß zur Freude. Diese Fliege ist nämlich eine sogenannte Raupenfliege. Wir wollen das Ei so schnell wie möglich entfernen."

Der Doktor ergriff sein Gewehr und drückte mit dem Kolben das Ei von Trautes Kleid. Das Fliegenei kullerte in den Sand. Der Doktor wollte noch von der Raupenfliege erzählen, als Dieter im Grase eine Raupe erkannte. Wie der dicke, vollgefressene Körper sich durch das Gras bewegte, das erregte seine ganze Aufmerksamkeit. Wie ein vollgestopfter bunter Sack, so wälzte sich die Raupe durch die Landschaft. Jetzt kam die Raupenfliege wieder angebraust. Die schwärzliche Fliege nahm Richtung auf den Raupensack. Will sie hier wieder ihr Osterei ablegen? Auch die Raupe hatte die Fliege erkannt. Aber sie freute sich nicht über das Ostergeschenk. Ängstlich und abwehrend bäumte sie ihren Körper empor, um die Fliege zu verscheuchen. Aber die Fliege hatte keine Angst. Geschwind ließ sie sich für ganz kurze Zeit auf der Raupe nieder, legte ihr Ei auf der Raupenhaut ab und verschwand dann wieder.

Die Raupe hatte keine Hände, um das Fliegenei abzustreifen. Mit dem Fliegenei beladen kroch sie weiter.

Nun konnte der Doktor erzählen: „Die Raupenfliege legt ihre Eier auf anderen Tieren, meist auf Raupen, ab. Aus den Eiern kriechen die Fliegenlarven, fressen sich in die Raupe hinein und entwickeln sich innerhalb der Raupe zu fertigen Fliegen. Dann kommt aus der Raupe nicht ein bunter Schmetterling, sondern eine schwärzliche Fliege. So werden durch die ‚Ostereier' die Schmetterlinge betrogen. Darum habe ich von deinem Kleide, Traute, so schnell das Ei entfernt. Anscheinend ahnte die Raupe ihr Schicksal, denn sie wehrte sich ängstlich dagegen, Eierschrank der Fliege zu werden."

Die Raupenfliege hatte ihr Kukkucksei abgelegt. Sie glaubte an die Zukunft ihres Kindes, sie hatte ihre Mutterpflicht erfüllt. Aber in der Natur ist nichts sicher. Die Raupe war noch in Sicht – da rannte

über den Erdboden ein merkwürdiges Ungetüm, ein Tausendfuß! Der war komisch anzusehen. Wie im Paradeschritt hoben und senkten sich nicht die vielen Beine, auch nicht im wirren Durcheinander wie bei einer Hammelherde, sondern ein Bein setzte immer ein klein wenig nach dem Vorderbein auf die Erde auf, als ob die Beine sich in Wellenlinien fortbewegten.
Der Name des Tausendfuß ist etwas übertrieben. Die Menschen haben zwei Beine, die Säugetiere als Vierfüßler haben vier, die Vögel wieder nur zwei, dagegen verfügen alle Insekten über sechs und die Spinnen über acht Beine. Die Beinordnung ginge unter den Tieren schön auf, wenn die Krebse und Tausendfüßler nicht wären. Die Krebse ziehen, abgesehen von vielen Ausnahmen, oft die Zehnzahl der Beine vor. Die Tausendfüßler aber kennen keine Regel. Einige haben viele Beine, andere sehr viele, aber tausend werden es nie. Die Tausendfüßler kommen höchstens auf fünfhundert Beine, und das ist bereits sehr selten. Man hat daher schon vorgeschlagen, die Tausendfüßler Hundertfüßler zu nennen. Auf die genaue Zahl kommt es bei hundert ja nicht an.
Die Tausendfüßler können wie die Krebse nur in Raten wachsen. Wird die harte Schale für den Körper zu eng, dann müssen sie sich häuten. Der neue Anzug, der dann wächst, paßt wieder für einige Zeit. Die Krebse und die Tausendfüßler haben einen hohen Kleiderverbrauch. Die meisten Tausendfüßler sind Räuber, es gibt aber auch Vegetarier unter ihnen. Die Vegetarier verraten einen guten Geschmack, denn sie naschen an den Erdbeeren. Andere aber verspritzen Gift aus ihren Giftzangen. Uns können die Tiere zwar nicht viel anhaben, es gibt höchstens eine Hautentzündung. In den Tropen aber leben Tausendfüßler, die werden bis zu einem halben Meter lang, und vor denen muß man sich in acht nehmen. Die Eingeborenen fürchten sie mehr als Schlangen.
Der Tausendfüßler, den die Kinder sahen, hatte die langsame Raupe bald erreicht. Die Giftzangen bissen zu, die Raupe krümmte sich wie ein Wurm, und dann begann die Mahlzeit des Überlegenen. Obgleich die Raupe viel dicker und fetter war als der Sieger, blieb sie sein Opfer. Tausendfüßler sind tapfer. Sie greifen Regenwürmer an, die zehnmal größer sind. Sie haben viele Beine und einen großen Appetit.
Die Raupenfliege aber flog irgendwo durch die Luft und dachte ihr Ei gut untergebracht zu haben. Dachte... Dabei war das Fliegenei schon längst verzehrt und der Eierschrank dazu. In der Natur kann man sich auf nichts verlassen. Darum arbeitet sie ja mit solcher Verschwendung. Tausende von Eiern werden gelegt, neunzig von hundert kommen um, einige werden übrigbleiben.
Plötzlich unterbrachen die Zwerge ihre Betrachtungen. Achtung! Jetzt müssen wir uns verstecken! Sie verbargen sich unter ihren grünen Schirmen, denn eine Wespe nahte sich ihnen. Der Hinterleib war

Traute wird vom Ei der Raupenfliege befreit.
Die Fliege hat ein neues Ei auf der schönen
Schwalbenschwanzraupe abgesetzt.
Gleichzeitig wird die Raupe von einem
Steinkriecher angegriffen und stülpt darauf die
übelriechende, rote Nackengabel aus. Auch
der brennend-scharfe Tropfen unter dem
Kopf, dient der Abwehr.
Oben auf der Möhrenpflanze sitzt ein
harmloser Hornissenschwärmer.

schwarz und gelb gestreift. Eigenartig war der Flug dieser Wespe. Manchmal hielt sie rüttelnd in der Luft an, dann aber schoß sie blitzartig eine Strecke fort, um plötzlich wieder in der Luft stillzustehen. Wespen sind gefährlich. Dieter machte das Gewehr schußfertig, um einen Überfall abwehren zu können.

Aber der Doktor lachte: „Das ist keine Wespe, das ist ein schrecklicher Angeber. Die Tiere sehen nur aus wie Wespen, in Wirklichkeit sind es harmlose Fliegen, die anderen Tieren nur einen Schreck einjagen. Es ist ein Aprilscherz der Natur. Die vermeintliche Wespe ist eine sogenannte Schwebfliege, die sich unblutig von Blüten ernährt und gar keinen Stachel hat.

Dagegen sind die Larven der Fliegen nicht so harmlos. Die Fliegenkinder leben auf Blättern, sehen wie Blutegel aus und ernähren sich von Blattläusen. Eine Blattlaus nach der anderen nehmen sie empor und saugen sie aus.

Da fliegt noch so ein Angeber. Das ist eine sogenannte Schlammfliege. Auch sie sieht wie eine Wespe aus. Immer nur fliegt sie in der Sonne von Blüte zu Blüte und ernährt sich von den Blütensäften. Das scheint ihrem Namen nicht zu entsprechen. Aber die Schlammfliege legt ihre Eier in schmutzigen Gewässern ab, und in diesen Schmutz- und Schlammtümpeln leben ihre Larven.

Warum aber sehen die harmlosen Fliegen den gefährlichen Wespen so ähnlich? Die Vögel fressen gern Insekten. Aber Wespen und Hummeln sind eine gefährliche Nahrung. Ein Stachel in der Speiseröhre kann einem den ganzen Appetit verderben. Darum meiden die Vögel die Wespen, Hummeln und Bienen. Und da die Schweb- und Schlammfliegen wie Wespen aussehen, werden auch sie gemieden. Man nennt diese Angeberei in der Tierwelt Mimikry. Es gibt dafür sehr erstaunliche Beispiele!"

Der Doktor mußte seine Rede unterbrechen, denn da flog schon ein Beispiel an: eine schreckliche Hornisse. Aber es war gar keine Hornisse. Körper und Farbe erinnerten stark an eine kriegerische Hornisse, auch summte das Tier so ähnlich, wie Hornissen summen. Angst konnte man bekommen. Aber es war nur ein harmloser Schmetterling, ein sogenannter Hornissenschwärmer, der zu den Glasflüglern zählt.

Die Tiere geben an, um Gefährlichkeit vorzutäuschen. Da gibt es unschuldige Käfer, die wie kriegerische Ameisen aussehen. In Brasilien fliegen Schmetterlinge durch die Lüfte, die so bitter und widerwärtig schmecken, daß jeder Vogel nur einmal den Braten kostet und nie wieder. Andere Schmetterlinge sind gar nicht bitter, aber sie sehen den bitteren so ähnlich, daß die Vögel auch sie in Ruhe lassen. Andere Tiere wieder ahmen Pflanzen nach. Da gibt es Insekten, die wie herrliche Blüten aussehen. Heuschrecken sehen wie Blätter aus, andere wieder wie dürre Äste. Von den Stabheuschrecken und der Heuschrecke, die wandelndes Blatt heißt, hatten die Kinder schon gehört. Schmetterlinge sitzen an Borken und sind an dem Baume gar nicht zu erkennen, so sehr ist ihre Farbe der Borkenfarbe ähnlich. Vögel recken ihre spitzen Schnäbel in den Nestern mitten im Rohr so still und unbeweglich empor, daß sie nicht zu erkennen sind. Rehe und Hirsche flüchten vor den Feinden, die Reh- und Hirschkinder aber ducken sich mitten in der Wiese und halten still, denn ihr getupftes Fell ist auf der Blumenwiese kaum zu erkennen. Schutzfärbung nennt man diese Erscheinung.

Die Hornissenschwärmer, die Schweb- und Schlammfliegen sind harmlose Geschöpfe, sie täuschen aber grimmige Tiere vor, diese Angeber. Unter den Menschen ist es auch so. Harmlose Zeitgenossen können schrecklich angeben – mit Worten. Schon Kinder erzählen gern, daß sie zehn Gegner auf einmal in die Flucht geschlagen hätten. Aber in Wirklichkeit haben sie wie die Schweb- und Schlammfliegen und wie die Hornissenschwärmer keinen Stachel.

Der Doktor war mitten im schönsten Erzählen, da war das Abenteuer zu Ende, denn das Wachstum setzte ein. Der Doktor wurde immer größer und größer, und auch die Kinder wuchsen aus ihrem Zwergendasein heraus.

Die Fahrt ins Blaue

Der Doktor war schon in seinem Garten, als die Kinder ihn wieder besuchten. Er besichtigte gerade seine Rhabarberpflanzen und drehte die kräftigsten Stiele heraus, als Dieter und Traute anlangten. Zum Willkommengruß arrangierte Dieter mit Traute gemeinsam ein Volksgemurmel:
„Rhabarber, Rhabarber..."
Der Doktor blickte hoch, erkannte seine Kinder und freute sich über ihren Besuch. Immer hereinspaziert, der Doktor Kleinermacher hat seine Freunde gern, und wer sich das Herz des Doktors erobert hat, der ist immer willkommen.
Als Dieter die Rhabarberstiele in den Händen des Doktors sah, verlangte er gleich auf nüchternen Magen nach einer Belehrung:
„Doktor, Rhabarber, das ist das Stichwort. Du kannst uns doch von jeder Pflanze eine Geschichte erzählen."
„Kinder, ihr seid grausam. Mir fällt vom Rhabarber nichts ein. Muß ich euch enttäuschen? Halt, da kommt mir eine Erleuchtung. Friedrich der Große und Rhabarber. Der alte König hatte einen kranken Oberst, der ewig über seine Leiden klagte und an seinen obersten Kriegsherrn eine Eingabe richtete, er möge ihm die Lasten des Offizers in Anbetracht der Krankheit erleichtern. Der Alte Fritz schrieb an den Rand der Eingabe: ‚Mir geht es auch nicht immer, wie ich es gern haben möchte, deswegen muß ich immer König bleiben. Rhabarber und Geduld wirken vortrefflich. Ihr müßt wissen, Rhabarber nahm man damals nicht nur als Kompott, sondern auch als Heilmittel. So, das ist meine Geschichte vom Rhabarber. Sie ist reichlich kurz, aber auf nüchternen Magen dürft ihr nicht mehr von mir verlangen. Jetzt kommt herein in meine Laube. Bevor wir auf Abenteuerfahrt gehen, wollen wir die Stiele putzen, schneiden und kochen. Für die kleine Hausfrau Traute habe ich drinnen eine Beschäftigung."
Aber auf dem Wege zur Laube blieb der Doktor stehen, ließ die Stiele in den Sand fallen und beobachtete angestrengt einen Vorgang auf einer Zaunpfahlspitze seines Gartens. Die Kinder traten näher und suchten auf der Spitze des Pfahles nach einem Abenteuer. Denn wenn der Doktor sogar die Rhabarberstiele in den Sand fallen läßt, dann muß irgendwo ein Tier in der Nähe sein, dann beginnt hier irgendwo ein Abenteuer.
Auf dem Zaunpfahl saß eine kleine Spinne. Da, wo sie saß, hatte sie einige kleine Spinnfäden befestigt, ein längerer Faden war gleichfalls angeklebt, und den spann sie immer länger, bis er in weitem Bogen vom leichten Winde ausgebuchtet wurde. Der Kopf der Spinne war dem Winde entgegengerichtet, so daß der Spinnfaden gut im Winde lag.

Der Doktor jubilierte: „Kinder, das gibt heute ein gutes Wetter. Der Altweibersommer beginnt. Wenn das letzte gute Wetter anhält, dann bauen sich die Spinnen ihre Luftschiffe und starten in die frische Luft. Schnell, packt eure Sachen! Wir fliegen mit. Den Rhabarber können wir immer noch kochen. Wir machen eine Fahrt ins Blaue!"
Die drei eilten in die Laube und bereiteten die Reise vor. Die Wunderflasche wurde bereitgestellt, und aus Seidenpapier fertigte der Doktor eine ganz kleine Gondel. Ein paar Spinnenfäden hielten sie zusammen. Nun schnell zurück zur Spinnenluftfahrerin!
So ein Pech, die Spinne war schon gestartet. Aber sollte man auf die Luftreise verzichten? Soll das Abenteuer diesmal ausfallen? Der Doktor suchte und suchte, und endlich fand er Ersatz. Auf einem Stein saß noch so eine Luftfahrspinne. Die hatte ihre Vorbereitungen noch lange nicht beendet. Schnell einsteigen, ehe es zu spät ist. Vorsichtig befestigte der Doktor den Spinnfaden seiner Gondel an den Spinnfäden der Luftschifferin. Dann teilte er das Wunderwasser aus. Aber als er gerade dabei war, setzte er die Flasche wieder ab.
„Kinder, da haben wir uns verschätzt. Wie kommen wir nur auf den Stein hinauf? Wir müssen ein Brett anlegen. Die Sache eilt, schnell, schnell! Jetzt ist keine Zeit zu verlieren. Paßt auf, wir werden folgenden kühnen Versuch unternehmen. Wenn wir klein geworden sind, etwa noch dreimal so groß wie der Stein, dann springen wir mit aller Kraft auf den Stein hinauf. Wir werden es gerade noch schaffen. In der Luft schrumpfen wir noch mehr zusammen, und wenn wir auf dem Stein landen, werden wir so klein geworden sein, daß wir auf dem Felsen schon Platz finden. Habt ihr mich verstanden? Also, jetzt geht es los!"
Die drei Abenteurer tranken, programmgemäß schrumpften sie zusammen, und als sie noch dreimal so groß wie der Stein waren, setzten sie zum Sprung an. Herr des Himmels, reißt und zieht das in den Gliedern. Es schmerzt ja so sehr, daß man kaum springen kann. Aber alle Kraft zusammengenommen, damit das Abenteuer nicht verpfuscht wird! Hau Ruck! Und die drei Abenteurer sprangen in die Luft. Noch im Sprunge wurden sie kleiner und kleiner, und als sie auf dem Stein landeten, da waren sie schon so klein, daß er für sie alle bequem Platz bot. Glücklicherweise sprangen sie nicht auf die Spinne. Was aber war mit Traute passiert? Wohl erreichte sie noch die Oberfläche des Steines, auf der schrägen Fläche rutschte sie aber ab, kam ins Gleiten, und wie ein Dachdecker, der keinen Halt mehr findet, fuhr sie abwärts, dem Erdboden zu. Ihre Schlittenfahrt ging auf die Seidenpapiergondel des Doktors zu. Ängstlich streckte sie ihre Hände aus, um die Gondel zu ergreifen. Wird der Spinnenfaden halten, oder wird er reißen und Traute mitsamt der Gondel in die Tiefe stürzen?
Aber der Spinnenfaden hielt. Traute kletterte in die Gondel hinein,

denn inzwischen war sie klein genug. Der Doktor atmete erleichtert auf und Dieter auch. Dann kletterten der Doktor und der Dieter vorsichtig die Steinböschung hinab, bis auch sie in die Seidenpapiergondel steigen konnten.
Die Spinne hatte die Vorgänge bemerkt. Argwöhnisch hielt sie in ihrer Arbeit inne und zeigte Lust, ihre Vorbereitungen zur Luftfahrt im Stich zu lassen. Das ist ja ärgerlich, was die Zwerge da für einen Tumult machen. Als sich die Abenteurer aber in ihrer Gondel mucksmäuschenstill verhielten, setzte sie langsam ihre Arbeit wieder fort. Der Spuk ist vorüber, es kann weiter gesponnen werden.
Die Spinne, es war eine sogenannte Wolfsspinne, hatte sich den Stein zum Starten ausgesucht. Auf dem Startplatz am Boden hatte sie erst ein paar kurze Fäden befestigt, dann einen langen Faden angeklebt, der vom Winde ausgebuchtet wurde. Am langen Faden hatte der Doktor mit einem fremden Spinnenfaden seine Seidenpapiergondel befestigt. Immer länger wurde der lange Faden, immer mehr blies der Wind in die Fadenschlinge. Jetzt schien die Spinne ihre Vorbereitungen beenden zu wollen. Sie biß die befestigte Stelle am Stein durch, der Wind blies kräftiger in die Fadenschlinge, sie straffte sich immer mehr, und langsam wurde auch die Spinne emporgehoben. Die Seidenpapiergondel wurde noch eine kurze Strecke über den Stein geschleift. Es rumorte und polterte, die drei Abenteurer mußten sich tüchtig festhalten, und

An einem Grashälmchen (für die „Kleinergemachten" ist es stark wie ein Baumstamm) wurde die Gondel vorsorglich befestigt. Immer längere Fadenschlingen entläßt die kleine Wolfsspinne in die Luft. Das Treiben der Drei verfolgt sie aufmerksam.

dann endlich erhob sich die Gondel langsam in die Luft. Der Start zur Luftschiffreise war geglückt.
Der Wind drückte den Spinnenfaden immer mehr nach oben, die Gondel stieg immer höher. Herrlich, so eine Fahrt ins Blaue! Jetzt geht es schon über die Sträucher hinweg, da kommt auch der Zaun des Gartens. Nanu, soll die Reise am Zaun zu Ende sein? Wird die Höhe ausreichen? Aber der Wind war nett, immer höher hob der Luftzug das Fahrzeug mit Spinne und Gondel, so daß die drei Abenteurer glücklich über den Zaun kamen. Nun sind wir hoch genug, jetzt kann uns nichts mehr geschehen. Hinein in den Altweibersommer! Die Welt ist groß und herrlich, und das Leben ist schön!
Traute sah zur Gondel hinaus. Unter ihr breitete sich die Riesenlandschaft aus, über den Menschenzwergen schwebte die Spinne, und darüber flatterte der lange Spinnenfaden im Winde. Dann aber dachte sie an den Namen „Altweibersommer" und fragte:
„Doktor, warum nennt man denn die letzten schönen Tage des Sommers Altweibersommer? Und warum fliegen denn die Spinnenfäden nur morgens durch die Luft?"
„Langsam, langsam, Traute! Mehr als eine Frage auf einmal kann ich nicht beantworten. Und du weißt, beim Doktor Kleinermacher sind die Antworten nicht so kurz.
Also, fangen wir an. Schon immer beobachtete man, daß an den letzten schönen Tagen im Spätsommer die Luft voller Spinnenfäden ist. Aber nur am frühen Morgen, Spätaufsteher merken nichts mehr davon. Die alten Germanen glaubten, daß die Schicksalsgöttinnen die Fäden spinnen. Man sprach von einem Mettkensommer. Daraus ist dann Mädchensommer geworden. Die Christen sagten, es sei nicht die Schicksalsgöttin, sondern die Jungfrau Maria spinne gemeinsam mit zwölftausend Jungfrauen die Fäden.
Lange hielt sich der Name Mädchensommer. Aber ein Mädchen ist jung, und jung ist auch der Frühling. Die Tage zwischen Sommer und Herbst sind zwar sehr schön, aber sie stehen ziemlich am Ende des Jahres. So machte man denn aus dem Mädchensommer einen Altweibersommer. Die Schweizer sprechen sogar von einem Witwensommer. Der Ausdruck ist hart, und doch steckt ein schöner Gedanke dahinter. Nicht nur die jungen Mädchen sind schön, auch die reife, ältere Frau ist von großer Schönheit. Kinder, das versteht ihr noch nicht, aber vielleicht findet ihr eure Mütter schön. So schön wie die Sonnentage zwischen Sommer und Herbst. Aber darüber reden wir mal, wenn ihr älter geworden seid.
Zurück zu unseren Tieren! Wie kommen eigentlich die Spinnen dazu, ihre Fäden zu spinnen und damit diese Tage anzufüllen? Es gab einmal einen alten weisen Griechen, einen Naturforscher und Philosophen, der erklärte damals schon, daß die Fäden von den Spinnen herrührten. Im Mittelalter aber vergaß man seine Weisheit wieder. Man hielt die Fäden für Geistererscheinungen und fürchtete Pest,

Hungersnot oder Krieg. Die mittelalterlichen Naturforscher gingen in die Irre. Sie glaubten, daß die Fäden eingetrocknete Pflanzensäfte seien. Andere phantasierten von getrockneter Luft oder von harzähnlichen Ausschwitzungen der Bäume. Später glaubte man, daß der Morgentau die Fäden verursache oder die Luftelektrizität am Altweibersommer schuld sei.

Inzwischen hat man die Natur wieder besser beobachten gelernt. Es sind Spinnen, die die Fäden in die Luft schicken. Merkwürdigerweise sind es aber nur Spinnen, die keine Fangnetze spinnen. Verschiedene Arten beteiligen sich am Altweibersommer. In der Mehrzahl sind es die sogenannten Wolfsspinnen.

Wolfsspinnen! Das ist der richtige Name für die Tiere. Sie schleichen sich an ihre Beute heran, und blitzschnell stürzen sie sich dann über ihr Opfer und verzehren es. Unschuldslämmer sind die Wolfsspinnen nicht. Wie bei fast allen Spinnen haben die Tiere größere Weibchen als Männchen. So verläuft denn die Hochzeit als echte Spinnenbluthochzeit. Der Gemahl wird von der holden Frau aufgefressen. Die Wolfsspinnenfrauen sind alle Witwen. Der Name Witwensommer ist also auch daher sehr berechtigt. Davon aber wußten die Schweizer noch nichts, als sie den Namen Witwensommer erfanden.

Die Frau Wolfsspinne ist eine schlechte Gemahlin, dafür aber eine gute Mutter. Wenn sie ihre sechzig Eier gelegt und sie zu einem Eierkokon zusammengefügt hat, dann klebt sie die Eier an ihrer Spinnendrüse fest und schleppt das Eierpaket immer mit sich herum. Da es fast so groß wie der Körper und zwischen den Beinen angebracht ist, behindert sie das Paket etwas beim Laufen. Sie kann nur noch auf Zehenspitzen gehen. Trotz der Last geht sie aber weiter auf Jagd und läßt nie ihr Eierpaket im Stich. Man hat den Wolfsspinnen gewaltsam das Eierpaket entfernt. Da wurde die Mutter unruhig. Überall suchte sie ihren Eierkokon. Zwei Mütter können auf Leben und Tod um ein Eierpaket kämpfen. Wißbegierige Forscher legten den beraubten Müttern Schrotkörner hin, die geschickt wie Eierpakete hergerichtet waren. Die Mütter nahmen die Schrotkörner an, belasteten sich damit, und obgleich die Metallkörner zwanzigmal schwerer als die Spinnen waren, schleppten sie tapfer ihr Gewicht, bis sie an Erschöpfung zugrunde gingen. Eine Mutter rackert sich lieber zu Tode, ehe sie ihre Kinder aufgibt. Auch bei den Kreaturen.

Wenn dann die Kinder auskriechen, krabbeln sie der Mutter auf dem Rücken herum. Wie voller Läuse erscheint Frau Wolfsspinne. Bald gehen die jungen Wolfsspinnen auch schon selbständig spazieren. Kommt aber eine Gefahr, dann flüchten sie wieder zurück auf den Rücken der Mutter. Bei der Mutter ist es am schönsten und am sichersten.

Die vielen jungen Wolfsspinnen auf einem Platze sind aber große Konkurrenten untereinander. Die Jäger kommen sich oft ins Gehege,

Eine gefährlich große Königslibelle nähert sich dem seltsamen Luftgefährt. Dieter vergleicht die Farbflecken des Schmetterlings mit der Landschaft tief unten und stellt fest, daß das „Landkärtchen" seinen Namen zurecht hat.

sie müssen sich verteilen. Um die Zerstreuung recht gründlich zu besorgen, benutzen sie den Wind. In den letzten schönen Tagen des Jahres spinnen sie ihre Fäden und gehen auf die Luftreise. Der Altweibersommer ist da."

Der Doktor mußte seine Erzählung unterbrechen, denn ein herrlicher Falter kam angeflattert und segelte dicht an der Gondel vorüber. Traute begrüßte ihn mit einem Freudenruf, und der Doktor erklärte den Namen des Schmetterlings:

„Das ist das sogenannte Landkärtchen."

„Nanu, der Schmetterling, der Landkärtchen heißt, sieht doch ganz anders aus. Ich habe im Frühling einen gesehen, der sah viel heller und rötlicher aus."

„Ja, Dieter, das war ein Frühlingslandkärtchen. Das Sommerlandkärtchen ist etwas dunkler und etwas größer. Die Schmetterlinge, die im Frühling geboren werden, sehen anders aus als die Sommerschmetterlinge. Darüber hat man lange gestaunt. Für diese seltsame Erscheinung gibt es einen sehr gelehrten Namen: Saisondimorphismus. Damit ist aber noch gar nichts erklärt. Was sollen die verschiedenen Farben?

Früher glaubte man, die schönen Farben der Natur seien zur Freude des Menschen da. Die Gräser und Blätter seien grün, weil Grün unseren Augen wohltue. Die schönen Blüten seien ausschließlich für uns Menschen eine Augenweide. Dann entdeckte man, daß die Blüten nicht die Menschen, sondern die Insekten anlocken sollen. Man erkannte ein besonderes Prinzip der Natur. Schutzfärbung! Die Frösche sind grün, damit man sie im Grase nicht so leicht erkennt. Die Schneehasen sind weiß, damit die Schnee-Eulen sie nicht so leicht entdecken können.

Aber nicht alle Farben sind Schutzfarben. Unsere Schmetterlinge wissen wenig von Schutzfarbe. Man kam sehr bald dahinter, warum das Landkärtchen im Frühling heller ist als im Sommer. Die Schmetterlingspuppen, die den Winter überdauern, werden von der Kälte so beeinflußt, daß sich die rote Farbe stärker entwickelt. Man nahm Winterpuppen in geheizte Zimmer, ließ die Kälte nicht an sie herankommen, und zum Frühling entwickelten sich Schmetterlinge, die genauso gefärbt waren wie die Sommerschmetterlinge. Umgekehrt nahm man auch Sommerpuppen, legte sie in den Eisschrank, und es entwickelten sich Frühlingsschmetterlinge. Der Eisschrank wurde zu einer Farbenfabrik. Da man die Kälte manchmal nur kurz, manchmal aber lange auf die Puppen einwirken ließ, gab es die verschiedensten Farbenabstufungen. Man kann Schmetterlinge also künstlich färben. Und die beiden Farbpinsel heißen Kälte und Wärme.

Wo ist denn unsere Landkarte geblieben? Ich erzähle euch so lange von den Tieren, bis sie verschwunden sind."

Aber die Kinder hörten jedes Wort vom Doktor, und doch ließen sie die Tiere nicht aus den Augen. Bis zuletzt verfolgten sie den Schmetterling, der sich Landkärtchen nannte,

mit den Augen, bis er hinter einem Baum verschwand.
Dennoch blieben sie nicht allein. Immer wieder andere Tiere flogen durch die Luft. Da sauste eine schöne, glitzernde Libelle an den Kindern vorüber. Herrlich sah das Tier aus. Die Libelle ist ein furchtbarer Räuber unter den Insekten. Aber schön ist der Räuber doch.
Überhaupt Räuber! Was man hier oben alles zu sehen bekam! Da flog eine Biene friedlich ihre Luftstraße entlang, eine fleißige Honigbiene. Etwas höher flog ein sogenannter Bienenwolf. Das ist eine Wespe, etwas größer als die Biene und bedeutend dickköpfiger. Kaum sah sie die Honigbiene fliegen, stürzte sie sich auch schon wie ein Falke auf die Ahnungslose. Das ging so schnell, daß die Biene gar keine Zeit fand, sich zu wehren. Der Sturzflug ging bis zur Erde, dann wurde die arme Honigbiene getötet und ins Nest des Bienenwolfes geschleppt. Die Bienenwolfkinder essen nämlich gern Bienenfleisch.
Jetzt ging die Fahrt höher und höher. Hoffentlich geht es nicht in die Wolken hinein! Nur gut ist es, daß man in der Höhe nirgends anstoßen kann.
Ja, was ist denn das? Die Spinne segelt auf ihrem Fluge gerade auf einen Kirchturm zu. Kinder, das wird ja immer schöner. Wenn die Spinne landet, dann müssen wir da oben aussteigen, uns am Kirchturm festhalten und warten, bis wir größer geworden sind. Dann rufen wir um Hilfe, die Feuerwehr kommt und holt uns 'runter. Wochenlang wird die Stadt noch davon sprechen. Ein gewisser Doktor Kleinermacher ist plötzlich wahnsinnig geworden. Mit zwei Kindern steigt er auf den Kirchturm der Stadt, bringt drei Menschenleben in Gefahr und läßt sich von der Feuerwehr retten. Das kann ja gut werden. Alle Zeitungen werden voll davon sein. Kinder, das wird ja eine nette Überraschung!
Der Kirchturm kam immer näher. Aber, kaum auszudenken, der Wind drehte sich etwas, nur ein ganz klein wenig, und haarscharf ging es am Kirchturm vorbei. Dem Doktor fiel ein Stein vom Herzen, den konnte er aber nicht als Ballast über Bord werfen.
Lange und noch weit ging die Luftreise. Endlich ließen die Winde nach, die Gondel senkte sich tiefer, immer tiefer, und schließlich stießen sie auf dem Boden auf. Da die Spinne aber noch in der Luft schwebte und die Gondel über den Boden geschleift wurde, gab es ein Rütteln und Schütteln, das kaum auszuhalten war. Da entschlossen sich die drei Abenteurer, über Bord zu springen und die Gondel der Wolfsspinne zu überlassen.
Doch wo die Wolfsspinne landete, befand sich ein Wassertümpel. Wird die Wolfsspinne ertrinken? Die drei rannten zum Ufer des Wassers, um zu beobachten, ob die Wolfsspinne schwimmen könne.
Die Wolfsspinne kann nicht schwimmen, sie kann aber etwas viel Besseres. Sie kann über Wasser laufen. Das Tier ist nämlich viel zu leicht, um in das Wasser einzusinken. Die Oberfläche des Wassers hat eine dünne Haut, die Physiker

sprechen von Oberflächenspannung. Und diese Haut ist stark genug, die Spinne zu tragen.
Die Wolfsspinne ertrank nicht, und doch mußte sie sterben. Auf dem Wasser jagte eine Jagdspinne Beute. Auch sie ist so leicht, daß sie trockenen Fußes über das Wasser schreiten kann. Sie achtet auf alle Tiere, die aufs Wasser fallen, dort zappeln und nicht entfliehen können. Dann fällt sie über ihr Opfer her und frißt es auf.
Kaum hatte die Jagdspinne die Wolfsspinne auf dem Wasser gesehen, als sie auch schon herbeieilte und sich über die arme junge Wolfsspinne hermachte. Der Doktor sah die Tragödie und sagte:
„Ein Glück, daß wir früher ausgestiegen sind. Wären wir da gelandet, die Jagdspinne hätte uns aufgefressen. Nein, ich danke für den Tod im Spinnenmagen. Dann schon lieber auf dem Kirchturm landen und sich von der Feuerwehr herunterholen lassen. Und wenn die Zeitungen auch den Doktor Kleinermacher für verrückt erklären."
„Doktor, was gibt es doch alles für sonderbare Spinnen. Die Jagdspinne läuft übers Wasser. Das ist wohl die sonderbarste Spinne, die es gibt?"
„Noch ulkiger finde ich die Floß- oder Piratenspinne. Die baut sich ein kleines Floß und fährt damit über das Wasser. Von ihrem Floß aus betätigt sie sich als Räuberin. Kommt Gefahr, dann klettert sie nach der Unterseite des Flosses und wartet unter Wasser die Gefahr ab."
„Doktor – – –"
Dieter konnte nicht mehr weitersprechen, es zuckte wieder in den Gliedern – das Wachstum begann. Drei Zwerge wuchsen in eine fremde Umgebung hinein.
Wo sind wir denn eigentlich? Die drei wanderten zum nächsten Bahnhof und fragten. Man sah den Doktor verwundert an, gab aber Auskunft. Die drei Abenteurer waren auf keinem Kirchturm gelandet, und doch wurden sie für verrückt gehalten, weil sie den Ort nicht kannten.
Achtzehn Kilometer hatte die Wolfsspinne mit ihrem Zeppelin die drei Abenteurer entführt. Das sei noch gar nichts, meinte der Doktor. Der Naturforscher Darwin hat beobachtet, daß Spinnen Luftreisen von über hundert Kilometer machen können. Ein Glück, daß es nur achtzehn waren. Nun aber schnell nach Hause, Mutter wartet schon.

Eine italienische Nacht

Schon am Sonnabendnachmittag waren die drei Abenteurer zum Garten hinausgefahren. Der Tag war schön, und schön war der Abend. Die Lüfte wehten so lau, daß keiner daran dachte, den Tag zu beenden.

„Wir machen eine ‚italienische Nacht', verbunden mit einem Erntefest!" rief Dieter aus. In der Laube fand er ein paar alte Laternen, die zündete er an und verteilte sie über den Garten. So, das sind unsere Lampions! Sie könnten zwar ein bißchen bunter sein, ein bißchen freudiger, aber mit einiger Phantasie sind die Laternen schon ganz nette Lampions.

Der Doktor wollte den Abend still genießen. Alte Herren haben viel Sinn für Ruhe und Beschaulichkeit. Aber Dieter fand mehr Freude an Lärm und Musik, Kinder sind so. Er holte eine Mohrrübe und hielt eine Ansprache:

„Mal herhören, meine Herrschaften! Hier ist zu sehen die große Mohrrübe, mit der sich der Kaiser Tiberius schrecklich vergiftete. Friede seiner Asche. In zweiter Linie sehen Sie den großen Kürbis des Kaisers Claudius. Es war ein Kopf, meine Herrschaften, so einen Kopf hatte kein Bulle. Schade, daß der Kopf verfaulen mußte.

In der nächsten Abteilung sehen Sie den Kohlkopf des Kaisers Diokletian. Es ist schrecklich zu sagen, aber der Kaiser hat sein Zepter verlegt, er kann den Stab nicht finden, er muß darum mit dem Regieren zeitweise aussetzen. Der Kaiser auf Urlaub züchtete in seinen Ferien Kohlköpfe. Bravo! kann ich dazu nur sagen.

In der nächsten Abteilung – – Doktor, da fliegen ja unsere Lampions! Da haben wir ja eine Festbeleuchtung!"

Dieter unterbrach seine Ansprache, denn durch die abendliche Luft flogen viele Glühwürmchen. Traute war begeistert. Eben noch hatte sie über Dieter herzhaft lachen müssen, jetzt konnte sie aber nur noch „ah" sagen, so schön war die Festbeleuchtung durch die schwebenden Glühwürmchen. Dann sagte sie: „Doktor, ich habe eine Idee. Wir trinken aus der Wunderflasche, verkleinern uns, und dann machen wir eine italienische Nacht mit den Glühwürmchen. Das muß schön sein."

Der Doktor war bereit. Auch Dieter vergaß seine scherzhafte Rede und wollte so schnell wie möglich klein werden. Vielleicht kann man auf so einem Glühwürmchen durch die laue Spätsommernacht reiten und alle Schönheiten der Dunkelheit genießen –?

Ohne große Vorbereitungen holte der Doktor die Wunderflasche, und das Zauberwasser machte die Runde. Wieder schrumpften die drei Abenteurer zusammen und wurden so klein, daß der Rasen des

Gartens hoch über ihre Köpfe hinauswuchs. Der Doktor aber hatte seine drei winzigen Bakterienlampen zurechtgestellt, und als man sie ergreifen wollte, bemerkten die drei zwischen den grünen Blättern ein zartes Leuchten.
Nanu, noch waren die Bakterienlampen nicht in Betrieb, und schon leuchtete es zwischen den Blättern am Boden? Ist die Bakterienlampe ausgelaufen? Gibt es denn Leuchtbakterien in freier Natur hier im Garten? Holte sich der Doktor seine Wunderlampen nicht aus der Tiefsee?
Ja, es gab auch im Garten Leuchtbakterien. Pilze und Bakterien sammeln sich zwischen den Blättern des abgefallenen Laubes, zersetzen die welken Blätter, und die Verarbeitung der Stoffe, der sogenannte Stoffwechsel, geht so rasch und so energisch vor sich, daß die Pilze und Bakterien „heißlaufen" und ein kleines Glimmerlicht aussenden. Unter den Blättern wird hart gearbeitet, unter den Buchenblättern beginnt ein neues kräftiges Leben bei Festbeleuchtung! Und davon hat der Wanderer, der durch das raschelnde Laub schreitet, gar keine Ahnung.
Achtung! Die drei wurden aus ihren Betrachtungen jäh herausgerissen. Ein summendes, brummendes Ungetüm flog über die Menschlein hinweg. Die Beleuchtung war zu schwach, die Geschwindigkeit war zu rasend, um erkennen zu können, um welches Tier es sich handelte. Da flog er wieder vorbei. Jetzt konnte der Doktor schon besser die Form erkennen. Ein dicker Rumpf in Stromlinien und daran schmale, elegante Seglerflügel. Der Doktor wußte, der Bomber war ein Dämmerungsschmetterling, ein sogenannter Schwärmer. Die meisten Schmetterlinge fliegen am Tage, im hellsten Sonnenlicht. Die Dämmerungsfalter aber schlafen bei Tage. Sie schlafen so gut, daß man sie leicht überraschen und einfangen kann. Aber nachts werden diese Schmetterlinge lebendig. Man spricht ja auch von Nachtschwärmern, wenn man Menschen meint, die bis in den hellen Tag hineinschlafen und erst abends munter werden.
Vögel sind meist so gebaut, daß sie im Fluge den geringsten Luftwiderstand haben. Sie haben Stromlinienkörper, die Tagfalter dagegen wissen nichts von der modernen Stromlinie. Sie flattern ungeschickt, wenn auch lustig, von einer Blüte zur nächsten. Aber die Schwärmer sind geschickte Flieger. Sie können haargenau ihren Flug steuern und ihre Flügel bewegen sich dabei in sehr hoher Geschwindigkeit. So flog denn der Nachtschwärmer über den Häuptern der drei Zwerge dahin, summend und rasend schnell. Ein Glück, daß er nur Honig nascht, sonst wäre es vielleicht schon um die Abenteurer geschehen.
Aber jetzt waren die Kinder wirklich in Gefahr: Eine Fledermaus huschte wie ein Gespenst durch die Nacht! Die Flügel flatterten, aber kein Geräusch kam von dem Flattern. Die Fledermaus war auf Insektenfang. Nachttiere wollte sie auf ihrem Fluge erhaschen.

Die Fledermaus war keine Gefahr für den sausenden Schwärmer. Schmetterlinge, ja, die hätte die Fledermaus leicht bekommen, aber nicht Schmetterlinge von der Form der Schwärmer. Ein elender Flatterer will einen Stromlinienform-Schmetterling einholen? Das geht sicher schief.

Interessiert sahen die drei Zwerge dem Spiele zu. Es war ein Spiel, denn der Schwärmer war zu elegant und zu wendig im Fliegen, um sich von der Fledermaus einholen zu lassen. Immer wieder versuchte die Fledermaus ihr Glück, aber immer wieder bog der Schwärmer geschickt aus. Es war nichts mit dem Schmetterlingsbraten.

In ihrem Eifer hatte die Fledermaus ganz übersehen, daß sich ihr ein großer Jäger nahte.

Durch die Nacht schlich eine Eule. Ihr Flügelschlag war so weich, so lautlos, daß die armen Opfer die Eule nicht herankommen hörten. Die Menschen schleichen auf Gummisohlen oder in Filzschuhen, die Eule aber schleicht auf Eulenflügeln durch die Luft. Ehe die armen Opfer sie bemerkten, durchbohren die Dolchfänge schon ihren Körper. Die Fledermaus ahnte nichts von der Eule, da kam ein schwarzer Schatten heran – die Fledermaus suchte Rettung in der Luft –, da griffen auch schon die Eulendolche zu. Ehe die Fledermaus alles begriffen hatte, war sie schon tot. Der Nachtschwärmer aber flog heil und unbehelligt von dannen.

Im blassen Mondlicht hatten die drei Zwerge alles erkennen können. Das war ein Schauspiel! Auch die italienische Nacht geht nicht ohne Drama ab. Wer aber die Natur schön findet, der muß sich auch damit abfinden, daß Pflanzen und Tiere Nahrung brauchen, und jeder auf seine Art dafür sorgt. Wenn „Tierfreunde" ihre Schoßhunde in Decken einwickeln und ihnen Schleifchen umbinden, dann verzärteln sie ihre Tiere und handeln unnatürlich.

Immer noch schoß der Nachtschwärmer durch die Luft. Mir kann keiner etwas tun, dachte er, und die pfeilschnellen Raubvögel schlafen alle in der Nacht. Für sie ist die Beute auch zu gering. Doch da stieß durch die Luft ein Vogel, etwa so groß wie eine Amsel. Er hatte nur einen sehr kleinen Schnabel, wenigstens sah dieser sehr winzig aus. Er konnte ihn aber gewaltig aufreißen. Die Augen waren groß, echte Nachtaugen. Der Vogel brauste daher, riß seinen Schnabel auf, und der arme Schwärmer lebte nicht mehr. So geht es den Schwärmern. Sie machen die Nacht zum Tage und werden dann geholt von – – ja, wie heißt denn dieser Vogel?

Wie eine Schwalbe sah das Tier aus. Aber fliegen denn Schwalben auch nachts? Und haben Schwalben eine so riesige Schnabelöffnung? Es war keine Schwalbe, obgleich das Tier Nachtschwalbe heißt. Man nennt es auch Ziegenmelker. Es ist aber Unsinn, wenn manche Leute meinen, der Ziegenmelker mit seiner großen Schnabelöffnung gehe nachts an die Ziegen und melke ihnen die Milch ab. Die Ziegenmelker fangen Insekten, die in der Dämmerung umherfliegen. Hinter Käfern sind sie besonders her. In niedriger Flughöhe durchschneiden sie die Luft und fangen Nachtinsekten. Am Tage sitzen sie an Baumästen und sind kaum zu erkennen, so sehr ist ihre Farbe der Borkenfarbe der Bäume angepaßt. Ihre Eier legen die Ziegenmelker auf die flache Erde, und wenn Frau Ziegenmelker brütet, dann ist sie kaum auf dem Erdboden zu erkennen, so unscheinbar ist die Färbung. Das weiß sie auch, denn sie läßt beim Brüten alles dicht an sich herankommen, ehe sie sich zur Flucht entschließt.

Viel schon hatten die drei Abenteurer in ihrer italienischen Nacht gesehen. Aber alles, was sie erblicken konnten, spielte sich in den Lüften ab. Vom vielen Sehen und Beobachten bekamen sie schon steife Hälse. Schon wollten sie sich entschließen, auch den Erdboden zu beobachten, da passierte schon wieder etwas Besonderes und wieder in der Luft.

Zuckende Funken durchschwirrten die Nacht. Da sind doch wieder die Glühwürmchen, die herrlichen Glühwürmchen! Traute war begeistert und sang laut ihr Lied: „Glühwürmchen, Glühwürmchen, flimm're, flimm're..." Traute war in bester Stimmung, aber der Doktor dachte sofort an seine Wissenschaften, als er das Farbenspiel sah:

„Kinder, zuerst eine Richtigstellung! Die Glühwürmchen sind keine Würmchen, wie der Dichter meint, sondern Käfer. Aber das nur nebenbei. Etwas anderes interessiert mich viel stärker. Die Leuchtkäfer haben nämlich eine Erfindung gemacht, die ihnen die Menschen nicht nachmachen können. Wenn wir Licht anzünden, dann verschwenden wir viel zuviel Kraft, viel zuviel Energie. Die meiste Kraft wird nämlich bei uns in Wärme umgesetzt, die wenigste in Licht. Das ist so bei unseren Kerzenflammen, Petroleumlampen und Glühbirnen. Wenn wir alle Energie in Licht umwandeln könnten, in sogenanntes kaltes Licht, ohne Wärmeentwicklung, würden wir sehr viel sparen. Die Lichtrechnungen würden bedeutend niedriger sein. Aber wir bekommen das Kunststück nicht fertig, soviel wir auch probieren. Das Leuchtkäferchen hingegen fabriziert kaltes Licht, als wenn das so einfach wäre. Da sehe ich ein Glühkäfer-Ei im Sande liegen. Wir wollen uns das Wunder des kalten Lichtes einmal aus der Nähe betrachten."

Leuchtkäferweibchen sitzen auf Blättern und geben den fliegenden Männchen helle Lichtzeichen. Traute hat im Laubstreu leuchtende Eier entdeckt.
Die Ohrenfledermaus fliegt von ihrem Radar geleitet auf den Wolfsmilchschwärmer zu.

Die drei Abenteurer gingen auf das Ei zu. Voll Erstaunen beobachteten sie, daß auch die Eier leuchten, nicht nur die erwachsenen Tiere. Zwar leuchtet so ein Ei schwächer, und nur an der Unterseite, aber es leuchtet.

Als die drei dicht am Leucht-Ei standen, hielten sie ihre Hände dem Ei entgegen, aber sie merkten nichts von Wärme, denn die Leuchtmasse der Tiere ist kalt. In der Nähe krabbelte ein Glühkäferkind über den Boden. Wie ein Wurm sah die Larve aus, nur hatte der Wurm sechs Beine wie alle Insekten. Die drei Zwerge kamen dem Glühwürmchen näher, und jetzt erst sahen sie, daß es ein arger Räuber war. Es hatte sich über eine kleine Schnecke gestürzt, sie getötet und war gerade dabei, sie zu fressen. Die Glühwürmchen sind maßlose Schneckenvertilger. Aber so ein Schneckenfraß ist peinlich. Die Schnecke hat viel Schleim, und besonders in der Todesangst schwitzen die Tiere viel Schaum aus. Das Glühwürmchen war von oben bis unten besudelt. Wie soll sich das Tier jetzt säubern – ohne Hände und ohne Seife?

Aber die Natur sorgt für alles. Aus dem Hinterleib des Glühwürmchens drückte sich ein Instrument heraus, das wie ein Pinsel aussah. Das Tier krümmte und wand sich, bestrich den ganzen Körper mit seinem Pinsel, bis alles sauber war. Dann zog das Glühwürmchen den Pinsel wieder ein.

Schon die Griechen des Altertums hatten den Vorgang beobachtet. Sie konnten sich aber nicht alles erklären. Sie sahen nur, daß am Hinterleib etwas herausgedrückt wurde, daß sich das Glühwürmchen krümmte, und schon glaubten sie, Glühwürmchen ernähren sich von ihrem eigenen Unrat. Das ist natürlich Unsinn. Schnecken sind die Nahrung der Tiere.

Der Doktor hatte noch viel zu erzählen: Nur die Männchen haben Flügel und schwirren als Funken durch die Luft. Sie sehen auch etwas käferähnlicher aus. Dagegen haben die Weibchen keine Flügel, leuchten vom Boden aus und tragen mit größerer Berechtigung den Namen Glühwürmchen. Bei uns leben nur zwei Arten, eine größere und eine kleinere...

Der Doktor wollte noch viel erzählen. Es ging aber nicht mehr. Die Kraft des Wunderwassers war zu Ende, und die drei Zwerge wuchsen in die dunkle Nacht und in die natürliche Größe hinein. Sie erkannten wieder den Garten, die Schatten der Bäume und die Laternen.

Es war eine herrliche „italienische Nacht" in Doktor Kleinermachers Garten. Dieters Lampions strahlten kräftig und die Funken der kleinen schwirrenden Glühwürmchen leuchteten zwischen Bäumen und Blumen, überall zwischen Laube und Gartenzaun.

Abschied vom Garten

Das Jahr ging seinem Ende zu. Die Sonne brannte nicht mehr so heiß vom Himmel, und der Wind wurde unangenehmer. Die Zeit war vorüber, da der Doktor zu seinen Kindern sagen konnte: „Haben wir heute wieder ein Wetterchen!"
Herrlich haben die Erdbeeren mit Milch und Zucker geschmeckt. Die Johannisbeeren waren köstlich und auch die Himbeeren. Was für dicke schwarze Brombeeren der Doktor in seinem Garten hatte, der Doktor hatte überhaupt einen Zaubergarten. Wenn Dieter an die Kirschen, Birnen und Äpfel dachte, dann wurde ihm wohl ums Herz – und auch um den Magen herum.

Und erst die Bauernpflaumen! Sie sehen so unscheinbar aus, schmekken aber wie auserlesenes Tafelobst. Und die Bäume tragen so reich und so dankbar. Es lebe die gute Bauernpflaume! Am besten schmecken die vergessenen Früchte, die Überreifen, die innen dunkelrot sind und außen bereits eine runzlige Haut haben. Die müßt ihr einmal probieren!

Der Doktor ging zum letztenmal mit den Kindern hinaus in den Garten. Der nächste Besuch soll erst im Frühjahr folgen. Es heißt also Abschied nehmen. Leb wohl, lieber Wacholderbaum. Einen schönen Gruß von der Lüneburger Heide! Leb wohl, du knorrige Akazie! Leb wohl, schöner Vogelbeerbaum! Traute wird dir ein Lied singen. Paß gut auf.

Und Traute stellte sich unter dem Baume auf und sang das Lied: „Keinen schön'ren Baum gibt's als den Vogelbeerbaum, Vogelbeerbaum, Vogelbeerbaum..."

Dieter stimmte mit ein, und auch der Doktor brummte etwas mit. Von der Eberesche ging Traute zur Linde, machte einen Knicks und sang:

„Am Brunnen vor dem Tore,
Da steht ein Lindenbaum..."

Für jeden Baum fand sie ein Lied. So sang sie vor der Tanne:

„O Tannenbaum, o Tannenbaum
Wie grün sind deine Blätter..."

Der Doktor wollte die letzten Arbeiten in seinem Garten machen. Er holte sich Papier, schnitt es zu Streifen, legte die Streifen um die Bäume und band sie fest. Dann bestrich er die Papierflächen mit Leim. Dieter wollte wissen, was diese Papierstreifen bedeuten.

Der Doktor lachte und sagte: „Der Schmetterlinge wegen lege ich die Leimringe um die Bäume."

Darauf der Dieter: „Aber, Doktor! Erstens fliegen jetzt keine Schmetterlinge mehr, und zweitens ist das doch kein Schutz gegen die Tiere. Die Schmetterlinge müssen doch nicht kriechen, sie können doch fliegen und kommen bequem zu den Baumkronen. Du meinst, die Schmetterlingsraupen sollen nicht die Bäume hinaufkriechen."

„Nein, die Schmetterlinge – nicht die Raupen. Aber wir wollen uns die Sache mal von nahem besehen. Wozu haben wir denn eine Wunderflasche?"

Und so begann das letzte Abenteuer in Doktor Kleinermachers Garten.

Steigeisen und Seile wurden herbeigebracht, denn man wollte wieder auf einen Baum klettern.

Prost, Wunderflasche! Du hast uns herrliche Abenteuer beschert, du hast uns die Augen geöffnet und die Wunderwelt der kleinen Lebewesen gezeigt. Die Welt wird nicht kleiner, wenn man kleiner wird, sondern größer, schöner und prächtiger. Wunderflasche, mit dir sind wir in die Erde und in die Pflanzen hineingegangen, mit dir sind wir auf die Bäume geklettert und selbst in einen Baum hineingegangen. Wunderflasche, du hast uns alle Herrlichkeiten der Natur gezeigt, und wir sind aus dem Staunen nicht herausgekommen. Mit dir war das Leben noch viel aufregender. Prost, Wunderflasche!

Traute singt ihre Abschiedslieder.

Die drei Abenteurer tranken und wurden kleiner und kleiner. Wieder wuchsen die Grashalme über die Zwerge hinaus, bis diese so klein wie Ameisen waren. Wo sind denn die Steigeisen? Der Doktor hatte sie doch auf die Erde gelegt, und die Seile müssen doch irgendwo liegen?
Als die drei das Wunderwasser tranken, lagen die winzigen Sachen dicht vor den Füßen der Trinker. Als Ameisenzwerg muß man kilometerweise das Gelände absuchen, ehe man die Steigeisen findet. Wir haben doch sonst immer unsere Geräte gefunden, soll es zum letzten Mal schiefgehen?
Die drei suchten und suchten und konnten ihr Bergsteigerwerkzeug nicht finden. Als sie das Gelände durchwanderten, kam Dieter an eine Grube, die – er brauchte den Stoff nicht zu untersuchen, er konnte ihn riechen – mit Mist gefüllt war.
„Doktor, Doktor, komm schnell her, ich habe etwas entdeckt!"
„Hast du die Steigeisen gefunden?"
„Nein, aber etwas viel Interessanteres, nämlich eine Mistkute."
Lächelnd kamen der Doktor und Traute näher. Vor Mist hatten die drei Gärtner keine Angst mehr. Wer siedelt und einen Garten bestellt, der sieht und riecht meist den Mist ganz anders als alle Nichtgärtner. Mist kostet Geld, nach Mist verlangen die Pflanzen alle, die Erdbeerpflanzen und Obstbäume. Warum soll denn Mist so furchtbar schlecht sein? Als Dieter einst bei einem Zusammenstoß in der Stadt zwei Kutscher schimpfen hörte und einer zum andern „alter Mistbauer" sagte, da mischte sich Dieter in die Unterhaltung:
„Sie haben jetzt etwas sehr Schönes gesagt. Mist ist sehr wertvoll und teuer. Einen ganzen Wagen voll können Sie gar nicht bezahlen. Und der Name Bauer ist ein Ehrenname."
Die beiden Kutscher lachten, und alle herumstehenden Leute lachten auch. Der Streit war beigelegt, und mit Scherzworten fuhren die beiden Kutscher weiter. Ein Kind hatte einen häßlichen Streit beendet.
Aber jetzt hatte keiner Mistbauer gesagt, sondern Mistkäfer. Dem Doktor war sofort alles klar. Hier sind Mistkäfer am Werke.
Und richtig, kaum war der Doktor nähergetreten, sah er auch schon am Grunde der Erdröhre einen Mistkäfer arbeiten. Bald kam ein zweiter hinzu, der kleine Mistpakete anschleppte. Er warf sie dem anderen Käfer in der Grube zu, und der da unten schichtete sorgsam die Mistpakete in der Erdröhre auf. Was machen denn die beiden in der Grube? Der Doktor hatte wieder mal etwas zum Erzählen.
„Hier arbeitet ein Mistkäferehepaar an seiner Kinderwiege. Die Väter unter den Vögeln sind nicht schlecht, viele helfen beim Nestbau und beim Brüten. Manche Vogelväter übernehmen sogar das Brüten ganz allein, zum Beispiel der Regenpfeifer oder der Emupapa. Ihr kennt doch den straußartigen Vogel Emu mit den drei Buchstaben aus den Kreuzworträtseln?
Unter den Insekten gibt es weit weniger gute Väter. Sie sind rasch

aufgezählt. Zum Beispiel hilft unser Totengräber – ihr kennt ihn – beim Eingraben eines toten Tieres mit, damit die Frau Totengräberin ihre Eier am Aas ablegen kann. Auch der heilige Pillendreher in Afrika entzieht sich nicht seinen Vaterpflichten. Ebenso hilfreich handelt unser Mistkäfer. Warum soll denn die Mutter allein alle Mühen beim Kindergroßziehen haben? Die Drohnen unter den Bienen kümmern sich nicht um die Kinderwiegen und um Bienenkinderbrei. Der Mistkäferpapa aber will mit dabeisein, er hilft die Miströhre bauen und schichtet auf dem Grunde sorgfältig die Mistpakete. In die Grube werden die Eier gelegt. Die auskriechenden Larven haben dann reichliche Nahrung, und gleichzeitig hält der Mist die Kinderstube warm, denn der Herbst ist oft bitter kalt und der Winter noch mehr. Die Mistkäfereltern müssen die Wohnung gut mit Mist einheizen, wenn die kleinen Käfer im Frühling gesund herausklettern sollen.
Wo aber sind denn unsere Steigeisen und Seile? Eigentlich wollten wir doch eine Klettertour auf den Obstbaum machen."
Die drei fingen wieder ihre alte Suche an, und endlich hatten sie alles beisammen, was sie suchten. Hier liegen ja die sechs Steigeisen und die schönen strammen Bergsteigerseile. Dabei waren die Seile noch dünner als Zwirnsfäden.
Nun ging die Wanderung dem Obstbaume zu, um mit der Kraxeltour zu beginnen. Sie mußten über Felsen klettern, die nur Kieselsteine waren, und mußten Abgründe übersteigen, die nur Rillen im Erdboden waren. Eine Ameise hat es nicht leicht, über Land zu gehen, darum legen ja die Ameisen auch besondere Ameisenstraßen an, so wie wir Landstraßen anlegen.
Endlich war der Baum erreicht. Die Steigeisen wurden angeschnallt und die Seile befestigt. Als erster kletterte der Doktor empor, dann folgte, gut angeseilt, Traute, und zum Schluß kam Dieter. Die Borke war rissig und uneben. Um so besser für die drei Bergsteiger. Manchmal kletterten sie in engen Kaminen empor, oft aber auch mußten sie eine steile Wand nehmen.
Solange der Doktor kletterte, mußten Traute und Dieter stehenbleiben und das Seil gut sichern. Erst wenn der Doktor einen guten Platz erobert hatte, dann sicherte er das Seil, und Traute konnte das Klettern fortsetzen. So kraxelte man in Etappen empor. Die Kletterei war mühsam und anstrengend, aber sie war schön, und man kam vorwärts. Eben hatte der Doktor sein Seil gesichert und um eine Borke gelegt, auch Dieter, weiter unten, hatte sein Seil auf die gleiche Art befestigt. Traute, noch beim Klettern, war schon bis zur Mitte zwischen Doktor und Dieter gelangt – da geriet sie ins Rutschen, schrie auf und stürzte hinab. Wird das Seil halten? Das Seil bis zum Doktor hin straffte sich, es zog gewaltig, riß aber nicht. Traute schwebte in der Luft. Gerade wollte der Doktor von seinem Platz aus Traute wieder emporziehen, da platzte die Borke ab, und nun stürzte auch der Doktor ab.

Dieter konnte alles beobachten. Zeit zum Überlegen fand er nicht. Er mußte schnell handeln. So wikkelte er denn rasch sein Seil noch fester um das Borkenstück. Kaum war er fertig, da kamen schon die beiden Körper heruntergestürzt. Das Seil straffte sich. Wird es halten? Dieter beobachtete ängstlich sein Tau. Es knallte in der Borke und zerrte und zog am Seil, aber es hielt – gottlob – es hielt.

Nun konnte Dieter mit dem Werk beginnen, die beiden Abgestürzten, noch in der Luft Schwebenden wieder emporzuziehen. Aber der Doktor rief ihm von unten zu, er möge nichts unternehmen. Er selbst werde wieder emporklettern, denn seine Füße hätten wieder Halt bekommen.

Der Doktor hatte sich von dem Schlage schnell erholt, und bald war auch Traute wieder in ruhiger Verfassung. So ein Absturz ist nicht ungefährlich. Doch so gefährlich wie bei richtigen Bergsteigern war es zum Glück nicht, denn ihre Körper waren ja ganz leicht. Hab Dank, Dieter, daß du so tapfer ausgehalten hast. Ein Glück, daß wir solch klugen kleinen Bergsteiger bei uns haben. Dieter ist unser Retter. Hätte der Junge sein Seil nicht so gut verankert, die Fahrt in die Tiefe wäre noch weiter gegangen. Braver Dieter!

Immer höher stiegen die drei Abenteurer. Dann endlich kamen sie an den Leimring, der den Baum umspannte. Bequem konnten die drei unter den Papierstreifen durchkriechen, so straff auch der Doktor vorher als Riese die Schnur gespannt

Das Rostspannermännchen (oben) trägt gefiederte Fühler. Das Weibchen kann nur kletternd auf dem Baum gelangen, denn seine Flügel sind zu kurzen Stummeln verkümmert. Die Raupe des Frostspanners (rechts) sieht in ihrer Starrstellung wie ein kurzer dürrer Zweig aus.
Durch die Borkenschluchten des Apfelbaumes, zwischen Schüsselflechten und Sternmoospolstern, geht die letzte Klettertour des Gartenjahres.

hatte. Die Borke ist so rissig, daß unter dem Leimring die Ameisen noch ungehindert durchkriechen können. Aber immerhin, so klein wie Ameisen sind Schmetterlinge nicht. Für die Schmetterlinge wird wohl der Leimring ein ernsthaftes Hindernis bleiben.
Aber da entdeckte der Doktor unter dem Leimring eine größere Lücke. Sollte hier etwa – –? Der Doktor zweifelte doch etwas, ob Leimringe wirklich ein unüberwindliches Hindernis für Schmetterlinge sind.
Dieter wollte wieder einwerfen: „Aber, Doktor, Schmetterlinge können doch fliegen. Dann nützen doch deine Leimringe nichts!"
Aber der Doktor lächelte nur und forderte die Kinder zum Weiterklettern auf. Unter dem Leimring war es dunkel. Nur spärliches Licht brach hindurch. Jetzt hatten sie den Leimring passiert, und nun ging es immer höher. Mühselig war der Weg, und endlos schien die Kletterei. Dann, endlich, erreichten sie den ersten Ast des Obstbaumes. Noch nie hatte man so viel Mühe auf die Vorarbeit verwendet. Die Kraxelei hatte sehr viel Zeit gekostet. Auf dem Ast ruhten sich die drei Kletterer aus. Kinder, war das eine Kletterei! Aber schön war die Kraxelei im Obstbaumgebirge. Ohne Arbeit und ohne Mühe gibt es kein Abenteuer.
Da kommt schon ein kleines Abenteuer an. Was mag das nur für ein Tier sein? Soll man Käfer zu diesem seltsamen Tier sagen?
„Das ist der Schmetterling, den ich suche." „Doktor, was krabbelt denn da?"
„Das ist ein Schmetterling? Der hat ja gar keine Flügel! Welcher Bösewicht hat denn dem armen Tier die Flügel ausgerissen?"
„Das ist ein sogenannter Frostspanner. Die Weibchen sind flugunfähig, denn sie besitzen nur kleine Flügelstummel. Nur die Männchen fliegen durch die Luft. In der Erde verpuppen sich die Raupen. Die entwickelten Männchen fliegen empor, die Weibchen aber suchen mühsam den nächsten Baumstamm auf, krabbeln an ihm empor, und wenn keine Leimringe da sind, gelangen sie bis in die Krone. Hier warten sie die Dunkelheit ab, hoffend, daß ein geflügelter Bräutigam herbeieile, mit dem sie Hochzeit feiern können. Die Eier werden dann an die Knospen gelegt, und die Gärtner schimpfen über den Schaden an ihren Obstbäumen. Man legt die Leimringe, damit die flugunfähigen Weibchen nicht die Bäume erklettern können."
„Das ist ja wunderbar, das habe ich ja gar nicht gewußt, daß bei uns Schmetterlinge leben, die keine Flügel haben. Andere Schmetterlinge fliegen durch den Frühling oder durch den Sommer. Die Frostspannermännlein warten den Herbst und den Winter ab, ehe sie ihre Luftreise beginnen. Und der Tag ist ihnen noch zu warm, deswegen warten sie die kühlen Abende und Nächte ab. Das sind seltsame Gesellen, die Frostspanner. Ihretwegen müssen die Obstbäume alle Baumringe tragen."
„Ja, und mein Leimring ist nicht in Ordnung, sonst wäre das Weibchen gar nicht hier oben", sagte der Dok-

tor. Die drei hatten sich die Steigeisen abgeschnallt und die Seile zusammengerollt. Der Doktor wollte sich den Frostspanner von nahem besehen und ging auf das flügellose Tier zu. Die Kinder folgten ihm. „Du böser Frostspanner willst mir meine Obsternte vernichten? Ich werde dir helfen!" Der Doktor ging immer näher an den Frostspanner heran und wollte ihn bedrohen.
Darauf machte der Frostspanner eine Kehrtwendung, die drei wichen zurück; aber Astrinde ist so glatt wie Parkettfußboden, und so rutschten die drei Zwerge aus, kamen ins Schleudern, und in elegantem Bogen glitten sie in die Tiefe. Wären die drei Zwerge Frostspannerraupen gewesen, sie hätten sich sanfter hinabgelassen. Die Raupen spinnen nämlich einen Faden und lassen sich an ihm hinab, bis sie unten angelangt sind. Hier, auf der Erde, verpuppen sie sich, um im nächsten Jahr wieder an dem Baum emporzuklettern, soweit es Weibchen sind. Die Männchen können ja fliegen.
Die Menschen-Zwerge aber wirbelten durch die Luft, kreiselten hier- und dorthin, und endlich langten sie sanft auf dem Erdboden an. Der Sturz in Ameisengröße ist nicht so schlimm. Die Angst ist größer als der Schmerz.
Dieter landete auf der Erde, Traute geriet auf einen Grashalm. Bald hatten sich die beiden gefunden. Traute mußte den Grashalm hinunterrutschen, und Dieter fing unten das Mädchen auf. Das ist ja alles ganz gut gegangen.
„Hast du dir weh getan, Traute?"
„Nein, nur einen großen Schrecken habe ich bekommen."
„Wo ist denn eigentlich der Doktor? Hast du ihn gesehen?
„Nein. Wo ist er nur?"
Die Kinder suchten das Gelände ab, konnten aber ihren Doktor nicht finden. ist ihm ein Unglück geschehen? Hat ihn die Frau Frostspannerin aufgefressen? Aber wir sahen ihn doch stürzen!
Mitten im Suchen setzte das Wachstum ein.Trotz des Reißens und Ziehens dachten sie immer nur an ihren Doktor. Wo mag der gute Doktor Kleinermacher sein? Der Traute saßen die Tränen schon sehr locker in den Augen. Da hörten die Kinder einen Ruf von oben. Sie blickten hinauf. Da ist er ja, der Doktor!
Beim Sturz war der Doktor dem Leimring zu nahe gekommen. Er klebte fest. Wie er auch zappelte und strampelte, immer wieder verfing er sich im Leim seines Baumringes. Es war einfach jämmerlich. Dann setzte auch bei ihm das Wachstum ein. Je schwerer er wurde, desto weniger Gewalt hatte der Leim, ihn festzuhalten. Endlich löste er sich durch seine eigene Schwere und fiel wie ein Sack vom Baume.
Das war aber eine Freude unter den dreien, als sie sich in voller Größe wiedersahen! Der Doktor hatte nur einen Schmutz- und Leimfleck auf seinem Rücken. Das war alles. Mit warmem Wasser war der Schandfleck bald entfernt.
Nun heißt es aber nach Hause gehen! Die Tage werden immer kürzer, vor Einbruch der Dunkelheit

wollte man schon in den Wohnungen sein.
Aber es ging alles nicht so schnell, wie es der Doktor sich wünschte. Den letzten Teil der Reise mußten die drei ihre Räder schieben – es war zu unsicher, Waldwege zu fahren, auch wenn man Lampen an den Rädern hatte.
Viel hatten die drei sich zu erzählen, ehe sie ihre Behausungen erreichten. Weißt du noch, damals...? So ging es immerzu. Dieter und Traute waren so begeistert von dem Garten, daß sie ganz bestimmt selber einen Garten bestellen wollten, wenn sie erst große Menschen geworden sind. Sie konnten gar nicht verstehen, daß es Menschen geben soll, die ohne Garten auskommen. Wer einmal einen besessen hat, der kommt von der Gärtnerei nicht wieder los. Ein Stück Natur, und wenn auch nur zwischen vier Zäunen, ist so herrlich, daß man Pflanzen, Bäume und Erde richtig liebgewinnen kann. So ist es, man gewinnt die Bäume lieb wie Menschen. Traute hatte sogar schon von dem Wacholderbäumchen geträumt, und wenn der Doktor den Garten allein aufsuchte, dann bestellte sie immer Grüße für den Wacholderbaum.
„Doktor, wirst du wieder ein Buch über unser Abenteuer schreiben?"
„Gewiß, Kinder. Jetzt kommt der Winter, da habe ich ja Zeit."
„Meine Freundin Ellinor hat nämlich dein erstes Buch gelesen, und Ellinor ist so begeistert, daß sie immerzu fragt: ‚Wann schreibt denn dein Doktor Kleinermacher ein neues Buch?'"
„Bestelle deiner Freundin Ellinor einen schönen Gruß von mir. Das neue Buch kommt bald, nur Geduld. Auf Wiedersehen, Kinder, wir sind zu Haus!"
„Auf Wiedersehen, Doktor Kleinermacher! Du hast uns viel Freude bereitet mit deinen Abenteuern. Recht schönen Dank auch dafür."